WHICH?

できるリーダーになれる人は、どっち?

話し方・考え方・聞き方……「ここ」で差がつく!

リーダー育成家
林 健太郎
Kentaro Hayashi

三笠書房

はじめに　――リーダーになる前から学ぶ

「あなたは**できるリーダー**ですか？」

この問いに間髪を容《い》れずに「はい！」と答えられる人は、世の中にどのくらい存在するのでしょうか？

こんにちは、リーダー育成家の林健太郎と申します。

私は２０１０年にエグゼクティブ・コーチとして独立してから今まで、経営者、経営幹部、執行役員、部長、課長といった、いわゆる**「チームを率いて仕事をする人」**が、より円滑にリーダーシップを取れるように指導やコーチングを提供してきました。

これまでご縁をいただき、リーダーシップ能力開発に携わらせていただいた方はのべ２万人を超えています。

私はリーダーとの対話の中で
「あなたは**できるリーダー**ですか？」
と直接的にお聞きすることも多いのですが、およそ9割以上のリーダーが、この問いに対して口籠《くちごも》ってしまう光景を目の当たりにしてきました。

そして、熟考したのちに
「**できるリーダー**って何ですか？」
と逆に私に質問をされる方も結構いますし、ときには
「私は課長ですけど、中間管理職だし、リーダーとは言えないのではないか」
といった主旨の発言をされる方もいます。

私はこの仕事を始める前に、営業職として企業に勤めていた経験が長いのですが、もし当時の私の上司にあたる課長や部長の方が、こんな発言をしていると知ったら、
「えっ、そんな何もわからない状態で仕事をしているの？」
と不安になったり、能力を疑問視したりしたのではないかと思います。

しかし、のべ2万人以上のリーダーの方々とお会いし、それぞれの内情をお聞きしていく中で、実はリーダーという役割を務める人の多くが、**リーダー専門の教育や訓練を受けずに、これまでの仕事ぶりや「ひとりで」挙げた仕事の実績が評価基準となって、リーダーに抜擢される**というケースが大半であるという事情を知りました。

つまり、これは多くのリーダーがある意味において「丸腰」の状態で、何も知識がないままリーダーの役割を遂行しているということです。

私はこのリーダーを取り巻く現状に対して、**強い危機感**を持っています。

リーダーの多くは、専門の教育や訓練をほとんど何も受けずにチームを任されるため、現場でも場当たり的な対応に終始し、やがて失敗してしまうのです。

そして、うまくいかなくなったタイミングで、私のような社外の外部支援者が突然現れて、いわゆる「火消し」をするという、対症療法的なことがあちらこちらの職場で起きてしまっているのです。

この対症療法的なやり方は、もう限界を迎えています。そろそろ終止符を打つタイミングが、来ているのではないでしょうか。

リーダーになってから学ぶのではなく、リーダーになる前から学ぶ。

そんな新しいコンセプトを意識しながら、本書を執筆させていただきました。

リーダーになる前から、リーダーになる準備をする。

「それって本当に、現実的なこと？」

と、疑問に思われる方もいらっしゃるかもしれません。しかし、やり方さえわかれば、今あなたがいる職場でこっそりとその準備を始めることができます。

本書ではその具体的な方法について、さまざまな切り口から実践的なアイデアを提供していきます。リーダーに「なれる人」と「なれない人」の対比で説明していますので、理解やイメージがしやすいと思います。

詳しくは本文で説明しますが、デザインシンキングなどの最新の理論も取り入れ、演習のコーナーでは新しい気づきが得られるツールも紹介しています。
あなたが身を置いている環境で、できそうなことから試してみてください。

少し話題を変えますが、そもそもリーダーとは「**誰のこと**」を指すのでしょうか？
私はリーダーシップ研修を提供する際、必ず
「あなたはリーダーですか？」
という問いかけをすることにしています。

この問いかけに対して、ほぼすべての受講者が「いいえ！」とお答えになります。そこで私から「では、あなたの役割は何ですか？」と問うと、課長向けの研修では「課長です」、部長向けの研修では「部長です」という、極めてわかりやすい回答が返ってきます。

「では、課長はリーダーではないのですか？」と私が改めて質問をすると、受講者の

方々は困惑した顔で、「うーん、自分のことはリーダーとは呼べないかもしれない」とお答えになります。

ここからわかるのは、**「リーダー」とは役職そのものではない**ということです。

「あなたは課長ですか？」という質問には、自分が割り当てられた役職があるので、「はい」または「いいえ」で即答できます。

「リーダー」とは役職ではなく、その**「存在」としての価値**を有するため、即答できない感覚が多くの人たちにあるようです。

本書では、**「人に影響を与える立場にある人」のことを総称して「リーダー」**と呼びます。

企業の中であれば、係長、課長、部長、プロジェクトリーダー、執行役員、取締役、経営者などの役割を持つ人のことだと思って、読み進めていただけるとわかりやすいと思います。

非営利団体であれば、理事長、理事、運営委員などのことを指し、学校であれば先生、家庭であればご両親といった存在も「リーダー」であると考えます。

大雑把に言えば、**「人に何らかの形で影響力を持つ人」**はすべてリーダーです。

山に籠《こも》り、日々誰にも会わずに修行するような人を除けば、日常生活で誰かと何らかの接点を持ち、影響を与え合っていると考えれば、私たちすべてが「リーダー」であると捉えることもできるのです。

もしそうだとすれば、**メンバーにポジティブな影響を与えられるリーダー**になりたいと思いませんか？

あなたの立場や環境から、リーダーという役割について、ぜひ考えてみてください。そして、できるリーダーの考え方や行動には、どんな特徴があるのかを摑んでほしいのです。

本書では、できるリーダーへのゴールまで、**テーマ別に６つの登龍門**を用意し、そのテーマをクリアするための**成長につながる仕事の習慣**を提示しました。

それでは、**できるリーダーへの旅**を始めていくことにしましょう！

林　健太郎

できるリーダーになれる人は、
どっちち？

目次

リーダーへの登龍門①
「社長は何を求めているのか？」を考える

リーダーへの登龍門②

「報・連・相」を大切にする

リーダーへの登龍門③

「意思決定」に責任を持つ

リーダーへの登龍門④

「自分の意見」をハッキリ伝える

リーダーへの登龍門⑤

「自分と相手の感情」を分析できる

リーダーへの登龍門⑥

「人を巻き込む力」がある

執筆協力／西沢泰生
本文デザイン／根本佐知子（梔図案室）
本文ＤＴＰ／株式会社フォレスト

WHICH?

プロローグ

「リーダーになる方法」を誰も教えてくれない!

「リーダーってそもそも、ひと言で言うと何？」

——もし、あなたが聞かれたとしたら、どう答えますか？

「リーダー研修」の定員が満杯になる理由

私が主催しているビジネスパーソンを対象にした「リーダー研修」には、これからチームリーダーや課長といった中間管理職になる「リーダーのたまご」（主任や係長など）ともいうべき方たちがたくさん参加されます。

そういう方たちは、これまで現場でキッチリ仕事をしてきた自信があるので、最初は多くの方が次のようなことをおっしゃいます。

「課長（チームリーダー）なんて、要は、部下を束《たば》ねて、成果を上げればいいんでしょ。そのためには、やるべきタスクがいくつかあって、予算があって、限られた人員でそれをこなせばいいんですよね」

ズバリ言うと、こんなことをおっしゃっている人は、リーダーになってもなかなかうまくいきません。

頭の中には、すでに自分が理想とする「リーダー像」ができあがっているのですが、実際にリーダーになってみると、思い通りにならないのです。

課（チーム）を任されて、最初はやる気満々ですごく一生懸命やるのですが、どういうわけか空回りしてしまいます。イメージされているリーダー像は、きっとマンガに出てくるスーパーヒーロー的なキャラクターでしょう。**「俺についてこい！」という威勢のいい言葉と共に、かっこよくメンバーを束ねようとしても、誰もついてこない。**

何を言っても部下に響かなくて、指示に対する反応もだんだん悪くなってくる。ようやく、自分が思い描いていた課長像が夢物語にすぎなかったと気づくのです。

そもそも、**リーダーになると一気に世界が変わります。**

誤解を恐れずに言えば、それまでは会社に着いたらタイムカードを打刻して、上司から指示された仕事をこなしていれば、会社での一日は終わっていきました。同僚とお酒を飲みながら、「課長は、ホントにわかってないよな」なんて言うこともできた。

それがいざ立場が変わり、自分がリーダーになった途端、急に周りから「課長」と呼ばれるようになり、部下が「何をすればいいですか？」と聞きにくる。そして、今度は自分が「飲み屋で部下たちの酒の肴《さかな》として批判される立場」になるのです。

それだけではありません。

課のノルマを達成できなければ、経営層から責任を問われます。**「矢面《やおもて》に立たされる立場」**になるのです。

「課長なんて楽勝」と考えている人が、いざ課長になると、そのあまりの違いに困惑して何もできなくなってしまうことが本当によくあるのです。

例えばその年の4月にリーダーに抜擢された人が、ゴールデンウィークが終わるころにはすっかり行き詰まってしまう。中には、「この連休が終わったら、また、会社に行かなくてはならないのか……」と、精神的に追いつめられてしまう人まで出てきてしまうのです。

私が開催している「リーダー研修」の申し込みは実はこの時期、つまり5月から6月がピークなのです。

なぜなら、4月に昇進した新任課長さんたちが困っているのを見かねた上司が、「外部のリーダー研修にでも行かせるか……」と考えて申し込んでくださるからなのです。

上司にまつわる不都合な真実

課長になって、なかなかうまくいかない。悩んだときに真っ先に相談しにいくのは、その課を管理している直属の部長や執行役員クラスが多いことでしょう。

しかし、ここにも落とし穴があったりします。

例えば、悩んでいる課長がこんな相談をしたとします。

「部下がついてきてくれないんです。指示しても、思うように動いてくれないし」

こんな相談をすると、昔気質《むかしかたぎ》の上司の多くは次のようなアドバイスをしがちです。


「おまえ、課長になったんだから、もっとガツンとやんなきゃダメだよ」

これは何の誇張でもなく、私が実際に課長職の方にコーチングをするときにしばしばお聞きする実話です。つまり、そんな時代錯誤的な根性論を語る上級管理職が、今でもたくさんいるというのが、日本の職場にまつわる不都合な真実だったりもします。

「ガツンとやれ」なんてことを言われても、実質、何の役にも立ちません。真に受けて本当に「ガツン」とやってしまったら、ますますメンバーの心が離れてしまうでしょう。それどころか今のご時世、パワハラで訴えられてしまう可能性もありますので、いささか時代遅れと言わざるを得ません。

もちろん、前任の課長がすばらしい方で、あなたを後任として、しっかりと丁寧に育ててくれてから課長に任命することもあるでしょう。

しかし、それはごくまれなケースです。

課長に抜擢した上司たちも、多くの場合、うまくいかない新任課長をどうやって助けたらよいかがわかっていないケースが散見されます。

中には助けるどころか、課長に任命した人がうまくいかないと、「今までの仕事ぶりを見ていて、もう少しできると思ったんだけど……残念だな」なんて見切りをつける上司すら存在します。

抜擢された側に言わせれば、「いきなり勝手に任命しておいて、それはないよ……」と反論したくなってしまうことでしょう。

許されない失敗と
すぐに求められる成果

かつて、日本の企業に勢いがあった時代は、「新任リーダーは、積極的にトライ&エラーを繰り返して成長するもの」という余裕があったように記憶しています。

社員の学びのための投資として、会社側もある程度の出費ができました。「どんどん失敗して、失敗から学んでくれ！」というやり方が許された時代だったのです。

しかし、残念ながら今は違います。刻一刻と激動する世界経済の中で、株主の厳しい目にもさらされる現在の経営では、そんな悠長なことは許されません。

営業活動ひとつとっても変わりました。昔は「営業マンはとにかくお客さんのところへ行け！　会社にいるな！」と言われましたが、今では「営業は効率を考えて、成約が見込めないムダな訪問はするな」という考えが一般的になりました。

これはつまり、「失敗しそうなことはやるな！」ということですよね。

時代的にも**「失敗が許されない」ビジネス環境にあるわけですから、新任リーダーのプレッシャーが大きくなるのも当然**なのです。

「リーダーになる方法」すら具体的に教えられずに、「成果はすぐに出せ」と求められて現場に送られるリーダー職への登用の現状は、なかなかに乱暴だなと私は思います。

その乱暴さ加減を料理教室にたとえてみると、より臨場感が湧きます。

例えば、あなたが料理教室に初めて通う生徒だとします。その料理教室に到着し、先生から料理の作り方の説明をこんなふうに受けたと想像してみてください。

「はいっ! これが完成したビーフストロガノフの写真です。こんなふうにおいしく作ってみてくださいね」

とだけ言われて、材料と調理用具を渡される。

これでは何をどうしていいのか、まったくわかりませんよね。

話を企業と課長に戻しましょう。課長職に求められる数字(実績)と権限だけは会社から与えられるものの、そのやり方、達成方法はまったく教わっていない。先ほどの無茶な料理教室の例に近い状態が、誇張でなく日常的に企業の中で起きているのです。

例えば小規模のベンチャー企業のような会社では、あなたのお手本になるようないわゆる「ロールモデル」になるリーダーがいないこともざらです。完成した料理の写真すら見せてもらえず、「さあ、ビーフストロガノフを作ってください」と言われるのと同じ、粗っぽい状態が起きているのです。

私はこうした厳しいビジネスの現場を、10年以上にわたって見続けてきました。

「突然、リーダーに抜擢して、『すぐに成果を出せ！』という乱暴な仕組みをいつまで続けるのだろうか？」

と声高に叫びたい気持ちを常に感じています。

チームメンバーからは軽視され、経営層からはハッパをかけ続けられる……。

「もう、これ以上、リーダーをイジメるのはやめませんか？」と心から言いたい。

そして、**「予算がないという言い訳をしていて、これから会社を支えていくであろう『未来のリーダー』候補の社員に、しっかりと時間とお金をかけなくて、会社に未来はあるのですか？」**と経営者の方に伝え続けています。

とはいえ、今まさに「もうすぐリーダー職に任命されそうな方」「そろそろリーダー職を狙っている方」にとっては、そんな「日本企業のリーダー育成のあり方」「リーダーシップに対する考え方」が根本的に変わる日を待つという選択肢はないと思います。では、どうしたらいいのでしょうか？

答えはひとつです。

リーダーになる前に、「リーダーになるための準備」をしておくことです。

正しい準備さえしておけば、いざリーダーになったときに、「何をしてよいのかわからない」と途方に暮れなくてもすむ。これまで私が語ってきたことの、逆の視点からの見解でもあります。リーダーに抜擢されたらすぐ結果を求められるという現実がわかっているなら、事前に準備をすることで、その瞬間に備えることができるわけです。

リーダーになれる人は「視座」が高い人

これから「リーダーになる準備」についてお話ししていくわけですが、手始めに**もっとも簡単な「リーダーになるための準備」**をお伝えします。

それは……。

「普段から、リーダーの仕事ぶりをよく見ておくこと」です。

この視点を持つだけで、仕事に対する見方が変わります。

私がこう断言しても、「私の職場には手本になるリーダーなんていないよ」と思った方が多いのではないでしょうか？

大丈夫です！

ここで注目してほしいのは私が「優れたリーダー」とはお伝えしていないということです。ここでは、あなたから見て「良いリーダー」でも「イマイチなリーダー」でも構いませんので、ぜひ観察してみてください。

例えば、「リーダーからの指示内容が急にコロッと変わったとき」などは観察の絶好のチャンスです。

観察を始める前のあなたなら、「このリーダーは言うことがコロコロ変わる！　本当に頭にくる」としか思わなかったかもしれません。

しかし、よりしっかり観察するようになると**「どうして急に指示が変わったんだろう？　もしかしたら、社長の方針が変わって、課長に指示が下ったのかも」**と、より深い洞察を得られるようになるのです。このように、より注意深く観察することが、リーダーになるための準備の第一歩なのです。

あなたは**「視座《しざ》」**という言葉を聞いたことがありますか？

もしかしたら、あなたも上司から、「もっと高い視座で仕事に取り組んでほしい」なんて言われたことがあるかもしれません。

視座とは、簡単に言えば**「物事を認識するときの立場」**のこと。

実は、「リーダーになれる人となれない人は、何が違うのか？」という話をすると、必ずと言ってよいほど出てくるのが、この「視座」という言葉です。

「視座の高い人」とは、自分を取り巻くいろいろな人たちの視点や、いろいろな時間軸とか、そうした関係する要素をすべて俯瞰《ふかん》で見ることができ、意識して物事を捉えることができるということです。

視座の高い人は、ひとつの仕事に対して漫然と取り組みません。

「自分は今、どうしてこの仕事をやっているのか？」「この仕事は、会社にとってどういう位置づけなのか？」「この仕事を指示した上司の意図は、何なのか？」など、いろいろなことを深読みして臨むことができるのです。

リーダーになるための準備として、「リーダーの仕事ぶりをよく見ること」は、この視座を高めるのにうってつけの練習になるのです。

リーダーの仕事とはそもそも何なのか？

ここで、冒頭にあった質問です。

「リーダーって、そもそも、ひと言で言うと何？」

さあ、わかりますでしょうか？

ここまで読んで、少なくとも「部下を束ねる人」ではないことはわかっていただけたことと思います（そもそも「束ねる」って上から目線の言葉ですよね）。

答えはひとつではなく、複数あると思います。

ここで私なりの答えを、いくつかお伝えしてみるとすれば……。


「リーダーとは、『ヒト管理の入口』」

「リーダーとは、メンバーが力を発揮できる、働きやすい場を提供する人」

「リーダーとは、『自分の仕事をする』から『みんなで働く』への分岐点」


いかがですか？

リーダーのニュアンス、多少なりとも伝わりましたでしょうか。

2023年3月のWBC（ワールド・ベースボール・クラシック）では、選手たちの自主性と持ち味を十分に発揮させてチームを優勝に導いた、栗山英樹監督の手腕が話題になりました。

あれこそ、**視座の高いリーダーの仕事**です。

また、この大会では日本代表チームの中心選手、ダルビッシュ有さんのリーダーシップも話題になりました。

ダルビッシュさんはアメリカからタイトなスケジュールを調整して帰国し、キャンプの初日から参加しました。そして自分の練習時間を削ってまで、チームメンバーにメジャーリーガーの攻め方や新しい変化球を熱心に教えていました。

また、食事会を開いてメンバー同士の親睦《しんぼく》を深めたり、「日本チームのメンバーはメジャーリーガーと比べても、決して見劣りしない」と、メンバーが自信をつけられるような言葉がけをしていたのです。

会社員にたとえるなら、ダルビッシュさんが2009年に参加したときは、一般社員として自分の仕事だけをこなしていた彼が、今回は**「視座を高くして、チームリーダーとしての役割を果たした」**と考えてみても良いと思います。

優れたフォロワーシップが「次のリーダー」への出発点

本書は、ビジネスパーソンとして、「もうすぐリーダーになりそうな方」「リーダーを目指している方」へ、**「リーダーになる方法や考え方」**をお伝えするものです。

特に本書では、リーダーの入口である課長という役職に注目しました。

そして、よりわかりやすく皆さんに伝えるために、「リーダーになれる人、なれない人」の違いをピックアップして、説明させていただきます。

プロローグの最後に、リーダーにとって重要なキーワードをお伝えします。

それは、**「フォロワーシップ（部下力《ぶかりょく》）」**。

ここで言う**「フォロワー」とは、リーダーとなったあなたの仕事を能動的に支えてくれる人のこと**を言います。古い表現をすれば「懐刀《ふところがたな》」でしょう。

この「フォロワーシップ」を別の言い方にすると、次のように表現できます。

「自分を支えてくれる右腕を育てること」

「自分のことを推《お》してくれる応援団を作ること」

つまり、**リーダーにとって大切なのは、「いかに自分のフォロワーを育てるか」ということ。これが成功するリーダーの王道**です。

そして、その道筋のスタート地点は、あなたが優れた右腕となり、懐刀になることです。つまり、「普通の働き手」から「リーダーの右腕」になることが、優れたリーダーの入口なのです。

これに成功すれば、自分がラクになるだけでなく、チームの仕事もうまくまわり、目標の達成にもつながります。

本書が「リーダーのたまご」である、あなたのお役に立つことを祈っています。

WH?CH?

リーダーへの登龍門①

「社長は何を求めているのか？」を考える

習慣1 高い「視座」を持っている

会社で合宿研修会があったとき

リーダーになれる人は、

「会社はどうして、こんなことをするのだろう」

と社長の意図を考える。

リーダーになれない人は、

「なんでこんなことを、しなきゃならないのだろう」

と社長に不満を持つ。

経営者の視座に立てるか、一般社員の視座のままか

私のお客様である某ベンチャー企業の社長が、こんなことを嘆いていました。

「我々のようなベンチャー企業は、社会を変えるイノベーションを起こせるかどうかが勝負なんです。だからこそ社員たちには、日々の業務に忙殺されてほしくない。日常の中で、非日常的な体験をどうやって作るかを考えてほしい。

そんな考えから、予算はちょっと厳しかったんだけれど、思い切って社員50人全員で軽井沢まで行って合宿を実施したんですよ。ただ、社員の反応が今ひとつだったんです。期待していただけに、正直、拍子抜《ひょうしぬ》けしました。まったく、会社がお金を投資して開いた合宿を何だと思っているのか……」

この社長、合宿の初日に社員たちに向かって、「非日常の中で、新しいアイデアをどんどん出してほしい」と熱く語ったそうです。

それにもかかわらず、社長としては肩透《かたす》かしの残念な結果に終わってしまった……。

社長ががっかりする気持ち、何となくわかる気がします。「笛吹けども踊らず」ということわざがありますが、まさにそんな状態だったようです。

ただ一方で、私には社員の皆さんの気持ちも何となくわかります。

恐らく、日々の業務が本当に忙しいのでしょうね。それなのに合宿に参加するとなると、自分の担当業務がすべてストップしてしまう。

正直、こう思ったかもしれません。

「業務をストップさせてまで、こんな合宿を開くなんて……。そんなお金があるなら、もっと給料を上げてくれた方がやる気が出るのに」

私はこの社長からの依頼で、実際にこのベンチャー企業の社員に対して「この前の軽井沢での合宿について、思ったことを率直に教えてください」とヒアリングを実施しました。

すると私の予想したとおり（社長にとっては残念なことですが）の感想を話してくれる社員の方が多数、存在しました。

とはいえ、全員が口を揃えてネガティブな反応だったわけではありません。

少数派ではありますが、「どうしてわざわざ大金をはたいてまで、軽井沢に全社員を連れて行って合宿を開いたのだろう？　社長は何を求めていたんだろう？って思いました」と答えてくれた社員がいたのも事実です。

普段、同じ仕事をして同じ合宿に参加し、同じ社長の話を聞いていても、その受け取り方は人によって大きな差が生まれます。

「なんでこんなことをわざわざ」と不満に思うのか、「何のためにこんなことを」とその理由や背景に興味を持つのかが、大きな分かれ目なのです。

この差こそ、それぞれの働き手の「視座」の違いによるものなのです。

すでに「視座」についてはプロローグでも触れましたね（27ページ参照）。

視座とは、「物事を認識するときの立場」のこと。「視座の高い人」は、高い位置から物事を俯瞰して見ることができる……とお話をしました。

リーダーになれない人は、残念ながら視座が低いので「合宿なんて、仕事がストップするだけだよ」と、**自分の仕事という観点でしか考えられない傾向があります。**

それに対して**リーダーになれる人は、「この合宿にはどんな狙いがあるんだろう」と経営者サイドの目線で考える**ことができるのです。

この視座の差はさまざまな事柄に現れます。

売上ひとつをとっても、新人社員は「その月の自分の売上ノルマを考えるのが精一杯」。これが社長なら、全社の数年先いや10年先の売上にまで考えが及びます。

社長レベルとまではいかなくても、そういう視座の高い人に近い考え方ができるのが、リーダーになれる人です。

ちなみに、本書では「社長」という言葉がよく登場しますが、これは「会社を代表する声」の象徴として使っています。

もしあなたの職場で、社長の顔や話しぶり、キャラクターなどがイメージできるようでしたら、そのまま読み進めてください。

もし社長は年に一度会うか会わないかといった遠い存在であれば、「社長」を「会社」や「経営層」または、「部長」といった存在に置き換えるとわかりやすいと思います。

9つの視座レベル リーダーになれるのは？

前述の「軽井沢での合宿」についての社員へのヒアリングを例に、視座の違いについて、もう少し詳しく見てみましょう。

私が社員の皆さんにヒアリングした内容を分析した結果、合宿に対する感想は視座の高さによって、9段階に分類できました。各段階の代表的な感想を見てみましょう。

「視座レベル1」の社員の感想

「社長は本当にかっこつけるのが好きだよね。こんな合宿にお金を使うのなら、もっと給料を上げてほしい」

社会人としてデビューしたてであれば、与えられた仕事をこなすだけで精一杯ですので、こうした見解を持ちやすいことは確かなのですが、リーダーの物言いとしては、若干レベル感が低いと言わざるを得ません。

このレベルでは、「社長の話はいつも抽象的でわからない」といった若干攻撃性のある言葉を使い、自分の意見を人に押し付けがちです。これが、いわゆる「初級者レベル」の視座の代表例だと考えてください。

「視座レベル2」の社員の感想

「社長は『イノベーションを起こすには、非日常が大切』と言ったけど、日常の仕事の手を止めてまでリゾート地で合宿をする必要はないと思う」

この場合、一応は社長の言葉を受け取っています。ただし、その受け取り方は、否定的です。これが、視座レベル2の代表的なアプローチです。

「視座レベル3」の社員の感想

「なぜ、今回はリゾート地で合宿が開かれたのだろう？　社長が『イノベーションを起こすには、非日常が大切』と言っていたので、本当にそうなのかを自分なりに考え

る機会にしてみようか」

社長の言葉を受け入れるだけでなく、考察して自分なりに疑問を感じ、「せっかくなら」と前向きな思考を展開しています。これが視座レベル3のアプローチです。

「視座レベル4」の社員の感想

「今回の合宿の経費は全部で200万円もかかったらしい。費用対効果を考えたら正直もったいないと思う。その辺りについて、ぜひ社長の考えを聞いてみたいと思う」

捉え方は批判的ではあるものの、単に感情レベルで批判するのではなく、費用対効果という会社の損得にまで思考が及んでいます。さらに、社長の考えを聞きたいと、一歩、能動的に前に出ている。これが視座レベル4のアプローチです。

「視座レベル5」の社員の感想

「今回の合宿の狙いはどこにあったんだろうか？　正直、うまくいったとは思えない。

もっと別の方法はなかったのかと社長に聞きたいと思います」

批判的な立場であることは同じですが、「別の方法が良かったと思う」という「自分の意見」を持ち、それを伝えようとしている点がレベル4と違います。

「視座レベル6」の社員の感想

「社長は『イノベーションを起こすには、非日常が大切』という考えから、今回の合宿を実施したのですよね。だとしたら、合宿ではなく○○という方法で、社員に非日常の仕事への活かし方を浸透させたらよいのではないでしょうか、と提案したいですね」

一見、視座レベル5と同じに見えますが、こちらはより具体的なアイデアを自分で考えたうえで、それを伝えようとしている点が違います。

「視座レベル7」の社員の感想

「社長が言う、『イノベーションを起こすには、非日常が大切』という考えを現場で実践していくには、私はどんな役割を果たせばよいのか？　ぜひ、社長に聞いてみたい」

合宿の発案者である社長の意図をくんで、「それを達成するための自分の役割は何か？」と考える。会社が決めたことに従うという受動的な関わりや、会社の決めたことの良し悪しについて批評するということは、いわゆる対岸の火事的な発想でもあります。この視座レベル7では、会社の決めたアクションを成功させるため、自分自身が何らかの役割を担っていると考え、能動的に自分の立ち居振る舞いを考えることができています。これが、視座レベル7のアプローチです。

「視座レベル8」の社員の感想

「社長の考えを現場で実践していくために、私に〇〇を任せてほしいと考えています。それを社長に伝えたい」

合宿の開催についてあれこれ言うのではなく、社長の意図を理解し、それを推進するうえで、具体的に「○○を任せてほしい」という提案をしています。

「視座レベル9」の社員の感想

「社長にこう言いたいです。わざわざ軽井沢で非日常の合宿を実施された社長の意図は理解しました。現場の考えをまとめましたので、あとは任せてください。もし、あとから社長にやっていただきたいことが出てきましたら、要望を取りまとめて、後日、お伝えいたしますので、そのときはよろしくお願いします」

社長の考えをくみ取って、現場などの周りを巻き込み「あとは自分に任せてくださ い」というわけですね。このレベルの社員は、社長にとっての立派なフォロワーと言えるでしょう。

いかがですか？

これがヒアリングした内容を分析して得られた、視座の高さによる代表的なアプローチです。このベンチャー企業では、これらのすべての視座の人が実在しました。

もしあなたが同じ立場だったら、どの視座レベルで思考や行動をしたでしょうか。

さて、こうして9つの視座を順番にながめてみると、**「リーダーになれるレベルの人」の視座は、視座レベル４から**なのかなと私は考えます。

ちょっと言葉が乱暴かもしれませんが、視座レベル3までは比較的、誰でも考えつくことのようです。しかし、これが視座レベル4になると「社長に聞く」というアクションが入るので、一気にハードルが上がります。多少なりとも経営者寄りの目線がないと、そういう気持ちや行動につながりません。

本書のテーマである「リーダー」は、現場の「働き手」から経営層への分岐点。会社や仕事について、社長に自分から聞くことができる人は、リーダーになれる人と言えるでしょう。さらに、大きな境目になるのは視座レベル5と6の間です。

「これは違うと思います」と批判的に伝えるだけ（**視座レベル５**）**なのか、それとも、別のアイデアを提示する**（**視座レベル６**）**のかは、非常に大きな違い**を生むのです。

リーダーを目指す皆さんは、任命される前から高い視座の考え方を意識してみてください。

習慣2
社長に直接、聞くことができる

会社の方針説明会で、わからないことがあったとき

リーダーになれる人は、

「この部分が、よくわからなかったのですが」と社長に聞く。

リーダーになれない人は、

「社長は現場のことを、わかっていない」と陰で不満を言う。

「そうだ、社長に聞こう」と発想できる人　できない人

中間管理職層の方にコーチングしていると、ときどきこんな声を耳にします。

「ウチの社長って、ぜんぜん、決断してくれないんですよね。どうして決めてくれないのか、まるでわかりませんよ」

「まったく、ウチの社長ときたら何を考えているのか……。我々には、全然わからないんです」

こうした発言は、経営層の入口に立ったばかりの、例えば課長クラスの人たちならではかもしれません。とかく、社長へのフォロワーシップ（部下力、リーダーを支援する思い）が足りない方々の発言は、社長や会社への批判に向かいがちです。

そんな発言を聞いたとき、私はよくこう伝えています。

「わからないなら、聞きに行ってみたらいかがですか？」

私にそう言われた相手は、たいがい驚きます。そして、私との問答が始まるのです。

「そんな、社長になんて聞きに行けるわけないじゃないですか！」

「どうして聞きに行けないんですか？　会社にいないとか？」

「いや、会社にはいますけど」

「社長室の鍵が閉まっている？」

「いや、社長室のドアはいつも開いています」

「部長から、『社長と話すな』って言われていますか？」

「言われていないです」

「じゃあ、聞きに行けますよね」

「だって、社長ですよ！　私みたいな人間が行って何を話すんですか」

「さっき、社長がなかなか決めてくれないって言いましたよね。その理由を聞いてみたらいかがですか？　今、社長はいらっしゃるんですよね。なんならこれから一緒に社長室に行きませんか？」

「えっ、今から⁉」

「そうですね。私も一緒に行きますので、大丈夫ですよ」

こんな流れで、相手の方さえその気になれば、ときには本当に社長室へ電撃訪問することもあります。

そんな私の経験から、実際に社長室に行くとわかるのですが、**多くの社長は社員が話をしに来ることを歓迎してくれる**ものです。特に普段から社長室のドアを開けているような社長さんなら、自分のもとに質問にくる社員に対してほぼ間違いなくウェルカムと思っているはず。

なぜなら**社長にとって、社員から質問されたり、話しかけられたりすることはとてもありがたいこと**だからです。

社長ともなると普段は会社全体を俯瞰しているため、現場の具体的な課題や不満などの細部はどうしても見えにくくなっています。つまり「社員から伝えてくれないとわからない」という事情があるのです。

社員からすると、「社長は現場のこと、ぜんぜんわかっていない」と思います。

しかし社長に言わせれば、「現場のこと、もっと教えてよ。わからないことがあったら、もっと聞いてよ」というわけです。

そういうわけで、**社長室のハードルは考えているよりもずっと低い**ものです。習慣1の「視座の9段階」の中で、「社長に聞く」というアクションが入るのは視座レベル4（41ページ参照）からでしたね。

相手の状態を想像するだけ（視座レベル3までの状態）では真実の摑みようがありません。社長や経営層が実際にどんなことを考え、何を計画しているのかを直接聞くことで、あなた自身の想像が正しいのか否かを確認することは、適切な判断をするうえでも極めて重要なことです。

私が好きな言葉のひとつに「キャリブレーション」という言葉があります。キャリブレーションとは、精密機器や測定器に対して使われる用語です。

一つひとつの機械や測定器は、たとえ設計上、同じ性能が出るように作られていても、製造段階で僅かながらも個体差が出てしまいます。そんな個体差を、同じ基準に合わせて直す（あるいは、調整する）ことをキャリブレーションと呼びます。

例えば社長や経営層が伝えようとしていることと、それを従業員の皆さんがどう受け取ったかには、差異が生まれる可能性があります。

それに対して両者がコミュニケーションを取るということは、**会社の中で「意識合わせ」をするキャリブレーション**なんだと私は思っています。

社長と直接話すことができれば、このキャリブレーションは簡単にできるはずです。

上意下達が重んじられる日本企業では、社長だけでなく、上役に対して職位が下の従業員が直接聞くのはどうしてもご法度だと考えられがちです。

しかし、このキャリブレーションという観点から、勇気を持って社長、上役に働きかけられることを私はお勧めしています。

習慣3 社長と直接、話すことができる

社長との食事会に参加したとき

リーダーになれる人は、

「これはチャンス」と考えて、
積極的に社長に質問する。

リーダーになれない人は、

「面倒だなあ」と考えて、
話しかけられないように気配を消す。

社長に今すぐ聞く人
聞かずに終わる人

私がコーチングを提供しているある会社の係長、仮にSさんとお呼びすることにします。

そのSさんは普段から、「もし社長と話す機会があったら、ガツンと言いたいことが山ほどあるんです！」と言っていました。

そんな矢先、社長主催で社員との交流を目的にした食事会が開かれることになりました。Sさんは運悪く（？）、その食事会の参加メンバーに選ばれます。

私もこの食事会には同席させていただいたので、Sさんのようすをずっと見ていました。案の定、Sさんはまったく発言しません。

見かねた私が「『社長にガツンと言う！』って、この前言っていませんでしたっけ？」と話しかけると、こんな回答が。

「いや、今じゃないです」

いえいえ、テレビで人気の予備校講師ではありませんが、「今でしょ！」って思ってしまいました。

まるで笑い話のようですが、このSさんのような方って結構多いのです。

「いや、今だと思いますよ。この会社で、社長と直接、こんなに話ができるチャンスはかなり貴重だと思いますよ」

私は熱心にそう伝えました。しかし結局、Sさんは「今日はそのタイミングじゃないんで、大丈夫です」の一点張りで、社長に何も話しかけないまま食事会はとうとう終わってしまいました。

実はSさんが社長に伝えたいと思っていたことは、Sさんだけでなく、Sさんが仕事で関係する範囲全体としての要望だったり、所属するチーム全体にメリットのある提案だったりした可能性があります。

しかしSさんがそれを社長に話すのを躊躇《ちゅうちょ》してしまったために、周りの人たちはその恩恵を受けることができませんでした。

「私なんかが、社長に時間を取らせては申し訳ないから」


そんな定番の言い訳は、謙虚な優等生の言葉のように聞こえます。

しかし、結局は「自分軸」でしか考えていないのかもしれません。自分が社長に意見を伝えることで、周りの人たちにも及ぼすメリットまで考えが及んでいないわけです。

そういう意味では、視座が低い考え方だと言えます。

チャンスを積極的に活かす人がリーダーになれる

元会社員で現在はフリーランスになって活躍されている私の知人、仮にYさんとしましょう。そのYさんが新卒入社した会社の新人だったころの体験談です。

その会社では、社長主催による社員との昼食会が定期的に開催されていました。

昼食会は週1回。その参加者は、現場から無作為に選ばれた一般社員を主としたメンバーが5人から多くても7人くらい。社長室で社長と一緒に仕出し弁当の昼食を食べるというものでした。

新卒として入社間もなかったYさんは、正直なところ「社長と昼食なんて緊張するし、話しかけられたら何を答えていいかまったくわからない。メンバーに選ばれなければいいな」と考えていました。

そんなことも忘れかけていたある日、Yさんは食事会のメンバーに選ばれました。


さて、食事会の当日。Yさんは緊張して社長室へ。

内心は「社長から何か質問されたらどうしよう」と、ドキドキしていました。

しかし、Yさんの心配はまったくの杞憂《きゆう》に終わりました。

昼食会がスタートすると、Yさんの1年先輩の一般社員のひとりが立て続けに社長に質問をぶつけ始めたのです。

結局、食事時間の大半はその先輩社員と社長の会話に費やされました。

最後は、社長が「もう時間だから、この続きは今度日を改めてやろう」と、その先輩社員に告げて、食事会はお開きとなったのでした。

現在はその会社を退職し、フリーランスとして活動しているYさんは、当時を振り返ってこう言っています。

「あのころは、その先輩に対して、『たった1年先輩というだけなのに、よく、社長と面と向かって仕事について議論ができるな』って感心しましたし、社長はよく入社2年目の社員の意見を真剣に聞くなって思っていました。

でも今、自分が独立して個人事業主になるとよくわかります。先輩はその当時から経営者の目線を持っていて、**昼食会を『社長と直接、話せる大チャンス』だと思って攻めにいった。**

そして社長は社長で、現場の生の声を聞くことがありがたかったでしょうし、堂々と疑問をぶつけてくるその先輩のことを『コイツ、若いのになかなかデキるな』と思ったはず。今になって、双方の気持ちがよくわかるようになりました」

社長との食事会というと、おそらく大多数の一般社員にとっては、どうしても億劫に感じてしまうものでしょう。
それを**「チャンス」と考えられるかどうか**が大きな分かれ目です。

ここでは、社長と議論をしなさいといった、いわゆる方法論を言っているのではありません。

わからないことを周りの人に聞いたり、仕事上の悩みを上司に相談したり、会社の制度への疑問点を自ら確認するといった視点の持ち方についてお伝えしています。
そんな発想ができる人が、リーダーになれる人です。

習慣4 会社の利害関係者がわかる

「会社は誰の満足のために存在しているか?」と聞かれたとき

リーダーになれる人は、

「株主に満足してもらうために存在している」

と答える。

リーダーになれない人は、

「お客様に満足してもらうために存在している」

と答える。

社長の先に「誰がいるのか」を認識できるかどうか

「会社は誰に満足してもらうために存在しているか？」

実はこの質問、私がまだ新人社員として某社で働いていたときに上司から投げかけられたものでした。

「それは、お客様に満足していただくためでしょう」

と、自信たっぷりに答える私。しかし上司は首を横に振ってこう言いました。

「それも確かにある。でも、それだけじゃない」

「他には、いったい誰の満足のために存在しているんですか？　あっ、自分自身の満足ですか？」

「従業員満足も大切だけれど、優先度合いとしてはナンバーワンじゃない」

「じゃあ、会社は誰の満足のために存在しているんですか？」

「株主のためだよ」

当時まだ若かった私は、この言葉に猛反発したのを覚えています。

でも、今なら上司の言葉の合理性にも納得できます。

働いている会社が株式会社なら、会社にお金を投資してくださる株主に満足していただくことは、当然すぎる目標です。

視座が低いときは「社長はすぐに方針が変わるから」で終わってしまうことでも、視座が高くなると**「社長の先には、株主というステークホルダー（利害関係者）が存在するよね」**という事実にまで思いが至るようになります。

「社長の方針が変わったのは、株主の意向があったからかもしれない」

こんな発想ができるように変わっていくのです。

この登龍門①では、リーダーになれる人は「社長（会社）は何を求めているか？」を考えていることをお伝えしました。

それはつまり、高い視座を持っているということです。

高い視座があれば、社長どころか、その先に株主や顧客などの関係者が存在しているということにまで思いが至ります。

あるいは、お客様のもとへ営業に行った場合にも、相手企業の担当者の先には、担当者の上司がいて、そのまた先にはさらに上司、その上には相手企業の社長がいて、株主がいて、その企業のお客様がいて、そのお客様には家族がいて……と、ステークホルダーが網羅的に見えてきます。

このような視点を持つことが、「リーダーになれる人の考え方」です。

演習1 「ステークホルダーマップ」を作ってみよう

プロローグで、私はリーダーについて、こんな定義をしました。

「リーダーとは、『ヒト管理の入口』」
「リーダーとは、メンバーが力を発揮できる、働きやすい場を提供する人」
「リーダーとは、『自分の仕事をする』から『みんなで働く』への分岐点」

これらの役割をまっとうするためには、「自分にとってのステークホルダー」を俯瞰的に認識する必要があります。

自分は、どんな人たちと利害関係があるのか？
自分は、誰のためにどんな仕事をするのか？
自分の仕事が影響を与えているのは、どんな人たちなのか？

これらのことが正しく理解できていないと、いざリーダーになっても、社内外に対する「バリューチェーン＝価値連鎖」（仕事や事業によって、どんな付加価値を生み出しているか）が見えてこないのです。

こんなときには、あなたを取り巻くステークホルダー、つまり利害関係者にはどんな人々がいるのかを把握するための演習をすると視界が晴れてきます。

ここでは、自分がどんな人と関わっているのかを可視化する、**「ステークホルダーマップ」**を作ってみましょう。

この「ステークホルダーマップ」は、デザインシンキングの中ではよく使われるフレームワークです。デザインシンキングは、製品やサービスの提供側（企業）ではなく顧客の体験を中心に据えて、商品企画や事業戦略を定めていく思考法です（詳しくは128ページ参照）。

私が主催するビジネスセミナーやマネジメント研修でも、実際にこのステークホルダーマップを参加者に作ってもらうことがあります。

それでは次の手順に従って、作ってみてください。

作り方

手順1　マップの中心に「自分」を置く。
手順2　マップ中央の自分を中心に、タテ軸とヨコ軸の線を入れる。
手順3　マップ中央の自分を中心に、それを囲む円を3つ（程度）書く。
これで、図の基本形は完成です。
手順4　この中に、あなたと関わりのある人たちを書き入れていく。

タテ軸とヨコ軸の設定

タテ軸とヨコ軸の設定は基本的に自由です。ここでは次のように決めました。

タテ軸……上は「自分と直接の関係がある人」、下は「自分と直接の関係がない人（間接的なつながりがある人）」

ヨコ軸……左側は「自分の仕事で関係のある人」、右側は「自分の仕事以外で関係のある人」

つまり、家族は「自分と直接の関係がある人」で「自分の仕事以外で関係のある人」なので、右上に配置します。家族であっても、例えば職場結婚で自分と同じ会社の経理を担当していたら、「自分と直接に関係のある人」で「自分の仕事で関係のある人」なので、この場合は左上に配置することになります。

お客様は、直接の関わりがある相手もいれば、間接的に関わりのある相手もいるでしょう。相手によって入れる場所が変わってきます。

どの場所にその人を書き入れるかは「ざっくり」で構いませんので、なるべく多くの人を登場させることを意識してみてください。

自分を囲むように描いた3つの円

この円は、自分との距離感を表します。

自分との関わりが濃い人は、自分に近い内側の円の中に、関わりが薄い人は外側の円の中へ入れてください。それこそ「自分の右腕」と言える部下であったり、毎日のように頻繁に連絡を取り合っている取引先の担当者なら、すぐ近くに書き入れましょ

ステークホルダーマップ

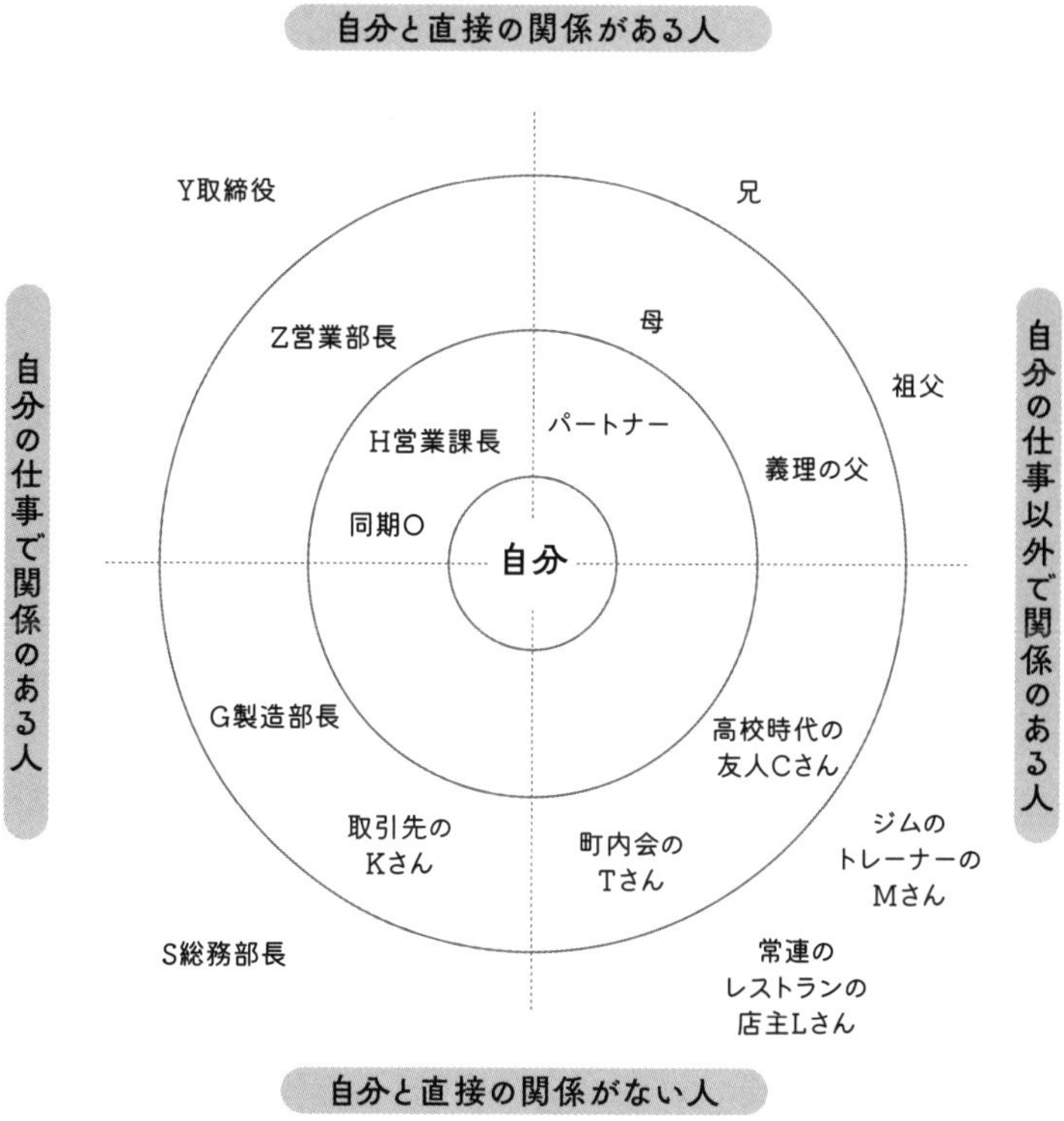
自分と直接の関係がある人
自分の仕事で関係のある人
自分の仕事以外で関係のある人
自分と直接の関係がない人
自分
Y取締役
Z営業部長
H営業課長
同期O
G製造部長
取引先のKさん
S総務部長
兄
母
祖父
パートナー
義理の父
高校時代の友人Cさん
町内会のTさん
ジムのトレーナーのMさん
常連のレストランの店主Lさん

う。

このマップ作りをやってもらうと、大多数の方は最初、家族や会社の同僚、上司、部下、お客様、友人など、「最近の記憶の中にある人」を書き入れます。

しかしそこで終わるのではなく、「もうちょっといたよね」と、自分が関わっている人をなるべく多く書き入れましょう。

思考や発想を広げて、なるべく多くの人を書き込んでみてください。

極端に言えば、「学生時代の恩師」や「お取引先の家族」まで入れても構いません。

中には、「毎朝、自分を癒してくれるご近所の犬」まで書き込んだ方もいました。

もちろん、全員の個人名は書き込めないでしょうから、「○○部の人」とか「○○会社の人」などのように、「属性」でまとめて書き込むやり方でもＯＫです。

ステークホルダーマップの狙いは、**自分と関係のある人たちを洗い出すことによって「ひとりで仕事をしているのではない」「自分の仕事がたくさんの人たちとつながっていて、たくさんの人たちに影響を与えている」ことを実感すること**にあります。

それが、自分の視座を高めるのに役立つのです。

WH?CH?

リーダーへの登龍門②

「報・連・相」を大切にする

習慣5

こまめな「報・連・相」を欠かさない

仕事を進めるうえで

リーダーになれる人は、

「必要ないかもしれないけれど、一応は上司へ報・連・相をしておこう」と考える。

リーダーになれない人は、

「自分の仕事は自分で管理できるから、報・連・相なんて要らない」と思っている。

リーダーになれない人がよく口にする言葉ナンバーワン

職場における「ホウ・レン・ソウ」。言うまでもなく、「報告・連絡・相談」のこと。それぞれの頭をとって、「報・連・相」ですね。

かつては新入社員研修で、必ずと言ってよいほど「仕事では、上司への『報・連・相』を忘れないように！」なんて教育されたものです。

私自身も社会人デビューのころに、先輩社員から耳にタコができるほど「報・連・相」の大切さを、特に夜のお酒の席で繰り返し教わった経験があったりします。

しかし、こうしたビジネストレンド、仕事の習慣も時代と共に変化しています。

例えば、私が最近の比較的若い世代のリーダーにコーチングをする際、よく耳にするようになった言葉があります。

「自分の仕事は自分で管理できて、やれと言われたことはちゃんとやっています。だから、上司への普段の『報・連・相』なんて必要ありませんよ」

確かに、そのとおりと言えばそのとおり。しかし実はこの言葉、**「リーダーになれない人がよく口にする言葉ナンバーワン」**なのです！

私がコーチングをしているお相手の方からこの言葉を聞くと、**「あっ、この人は今のままではリーダーになるのは難しいぞ」「もし、このままリーダーになったら苦労するぞ」**と感じたりします。

「でもね、自分ひとりで仕事は進められるし、判断もちゃんとできます。それに結果も残しているんだから、『報・連・相』なんて要らないじゃないですか！」

そんな反論が聞こえてきそうです。

そんな皆さんに、あえてここで断言します。

もし、あなたがリーダーになりたい、あるいはリーダーになってからチームの運営をスムーズにしたいと願うなら、リーダーになる手前の今のうちに、しっかりと「報・連・相」の習慣を身につけておくことが何よりも大切です。

「作業者」のままでは仕事の全体像が見えない

私が学生時代に、ある食品会社の工場でアルバイトをしたときの体験をご紹介しましょう。

私がその工場で担当していたのは、料亭向けに出荷される「味付け卵」の仕込みでした。

機械で殻をむかれた大量の卵が、目の前に次々と運ばれてきます。

私の仕事は、運ばれてくる卵の中にもし殻がむけていない卵があったら、残りの殻をきちんとむいて、むいた卵を特製のだし汁に漬け込むことでした。その卵が一斗缶分たまったら、パレットに積んで地下の冷凍室に運んでいきます。

この仕事を担当時間が終わるまで、ひたすらやり続けていました。

自分がいったい、1日に何個の卵を仕込んでいるのか、自分が仕込んだ卵が次にどうなるのかも知りませんでした。ただ単に決められた時間中、その作業を繰り返していたのです。

出勤して上司に「おはようございます」と言っても、「挨拶はいいから、早く作業を始めて！」なんて冷たい返事しか来ない職場でした。

決められた時間に、決められたことをやっていればお金をもらえました。何も考えずに黙々と卵をむく仕事をし始めてから、1カ月くらい経ったころでしょうか。ふと上司に「この卵って、このあとどうなるんですか？」と聞いたことがありました。

そのときの上司の回答は、今も忘れられません。


「そんなこと考える必要は一切ないから！　言われたことだけちゃんとやって」


その食品工場では、作業ラインで「決められた作業をするだけのアルバイト」は文字どおり、ただの「作業者」という位置付けだったのです（最終的に、私が作業をした卵は料亭での料理に使われると、優しい先輩が上司の目を盗んでこっそり教えてくれました）。

その食品工場の職場には、「人を育てる」という考え方がまったくありませんでした。

したがって、「報・連・相」を求められることもない。単純にそれが悪いとか、良いとかいう話ではありません。

作業効率だけを考えた場合、こうした「セクション」ごとに仕事を切り分け、与えられた仕事をしっかりやるのは工程管理として優れています。

しかし、これを「リーダーを育てる」プロセスとして考えた場合、残念ながら不適切と言わざるを得ません。

この工場で仕事をしていた私は、リーダーに抜擢されるようなポジションでは当然ありませんでした。そういう意味では、決められた作業をする働き方が正しかったのかもしれません。例えば新卒で入った会社で数年間、言われた仕事をこなすだけだった社員がいたとしたら、その状況は私の「卵むき」に似ているのかもしれません。

そう考えると**「もし、任された仕事をこなすだけで、いわゆる作業者として働いていた人が、突然職場をまとめる管理者に抜擢されたとしたら、ものすごく苦労するだろう」**というのは明白です。

自分に与えられた仕事だけを、言われるままに狭い視野でやり続けていると、仕事の全体の流れは摑めません。他の人の作業内容や、仕事ぶりの良し悪しもわからなければ、他の人が急に休んだときにその仕事を肩代わりすることもできません。つまり何か起きたときに、臨機応変な対応ができないということです。

これでは苦労して当然です。

もうひとつ言えることがあります。そんな**作業者のままでいると、モチベーションがまったく上がらない**ということです。

強制されるとちょっと面倒に感じる「報・連・相」ですが、まったくしなくてよいとなると、なんだか自分が人間扱いをされていない気になるから不思議です。

「自分の仕事を待っている人」への配慮ができるか

続けて、「報・連・相」に関する事例です。

私の知人で、企画会社を起業したKさんの事例を紹介しましょう。

Kさんは自分の企画会社をPRするために、YouTubeのチャンネルを作成することを思い立ちます。

しかし、自分の時間をチャンネル作成にあまり割《さ》けないので、企画や運営、マーケティングなどを手伝ってくれる人はいないだろうかと考えました。

「そう言えば、そんな仕事をしたいと言っていた人がいたな」と、かつて自分が主催したイベントで面識のあった会社員の知人、Fさんのことを思い出しました。

さっそくFさんに連絡すると、「ぜひ、やってみたい」と色よい返事です。

「Fさんにとっては副業ということになるけど、本業への影響は大丈夫ですか？」

「はい。大丈夫だと思います。ぜひ、やらせてください」

「じゃあ、お願いしようかな。それじゃ、まず手始めに、これから私が作ろうと思っているイメージに近いYouTubeチャンネルを探して、リスト化してもらえますか。そして、それぞれのチャンネルの特徴を分析して私に送ってほしいんですけど。1週間くらいを目安にお願いできますか」

「わかりました」

さて、そんな会話から3日経っても4日経っても、Fさんからは梨の礫《つぶて》。

進捗状況の報告がないので心配になり、Fさんに連絡してみると……。

「すみません。本業のほうが忙しくて、まだ、手をつけられていないんです」

「そうなんですね。遅くてもあと3日か4日後には、リストがほしいんだけど大丈夫ですか？」

「なんとかがんばります」


さて、それから4日が経過します。Fさんからは何の連絡もありません。

しかたなく改めて連絡してみると……。

「お願いしてから1週間以上経ったけど、リストはできましたか？」

「それが最近、急に本業が忙しくなってしまって、ぜんぜん時間が取れないんですよ」

「そうなんですか、本業が忙しいんですね。それじゃ、あと3、4日くらいでできますか？」

「はい。がんばります」

そんな会話をしてから4日後、Fさんに「できましたか？」とメールを送るものの、返信がありません。そして、そのまま連絡が取れなくなってしまいます。

ようやくFさんから連絡があったのは、それから2週間が経ってからのことでした。

「あの～、仕事が忙しくてどうしても時間が取れないので辞退させてもらえませんか」

Kさんは内心、「こっちも仕事なんだけどな……」と思いましたが、そう言われてしまっては、もうどうしようもありません。結局、Fさんの辞退を受け入れたKさんは、1カ月近い貴重な時間をムダにしてしまったのです。

この事例、悪いのはもちろん仕事の納期を守れなかったFさんです。

しかし、依頼したKさんにも、いくつかの落ち度がありました。

例えば実績のないFさんを「口先だけのやる気」で軽々しく信用してしまったこと。仕事の納期を、「1週間くらいを目安に」と曖昧に伝えてしまったことなどです。

と、こんな論調で書き進めていくのが一般的なビジネス書だとすると、本書は**リーダーになる手前の皆さんに向けて、どうやって来たるべき日に向けて準備をしてもらうか**を伝えるのが目指すべきゴールでした。そういう意味で、ここではスポットライトをFさんに当てて話を進めていくことにします。

Fさんの行動を振り返ってみましょう。

Fさんは報告、連絡、相談といった一連の行動がまったく取れていません。

どんな進捗状況なのかを自分から報告する、どんな計画で進めようとしているのかを連絡する、納期に遅れそうであれば事前に相談する……。どれも、Fさんの本来の能力から見てきっとできたはずです。ではなぜ、Fさんはそうしなかったのか。

これは私の推測ですが、きっとFさんなりの考えで、Kさんに迷惑をかけてはいけないからムダな連絡は控えようという遠慮や、今日はできなかったけど明日挽回できるはずという甘い見通しがあったと思います。

それらが積み重なって、すべてが後手に回ってしまったのです。

Fさんとしては、「がんばったけれど、仕方ない」という結論なのかもしれません。Fさんに決定的に欠けていたのは、「KさんがFさんの仕事を待っている」ということを想像できなかったことです。

自らが動くよりも、**「人に仕事を任せる」**ことがリーダーの大切な役割です。

例えば、**それぞれのチームメンバーに任せた仕事をパズルの1ピースだとすると、そのピースを組み合わせて、パズルを完成させるのがリーダーがすべき仕事です。**

今回のことで言えば、Fさんのパズルのピースが来ないため、Kさんがずっと待ち続けて困っているという状況を、Fさん自身が想像できていませんでした。

もし仮に、「納期に間に合わなそうです」という報告を早めにKさんにしていたら、きっとKさんもそれを見越して計画を変えることができたはずです。

もしくはFさんが「私には難しくて、できない可能性があります」といった相談をKさんにしていたらどうでしょう。KさんはFさんとの面談の時間をとってより細かい説明をしたり、より簡単なタスクに変更する指示ができたはずです。しかしFさんからの「報・連・相」がなかったので、そんな機会を作ることができませんでした。

ここで強調したいのは、**リーダーになれない人の仕事のやり方は「自分でなんとかしようとする」スタイルで、リーダーになれる人の仕事のやり方は「できる・できないに関わらず、こまめに進捗を連絡する」スタイルだということです。**


リーダーの仕事は、それまでの仕事人の延長ではありません。スポーツにたとえるなら、それまでの個人競技から団体競技に転向するくらいの大きな変化です。

ひとりで黙々と仕事をこなすのが良い仕事ではありません。チームとしての連携をうまく取りながら、**チーム全体の仕事が進むようにするのがリーダーの仕事**なのです。

習慣6 相手の相談に乗る

必要な「報告」が、なかなか届かないとき

リーダーになれる人は、

「どうして報告が遅れるのか、教えてくれませんか？」と、相手の立場で理由を聞く。

リーダーになれない人は、

「納期を守って、早く報告してください」と上から目線で相手を責める。

「報告してくれない相手」の立場になって、想像を働かせる

私がコーチングをしているお客様で、ある海外メーカーの日本支社で主任として働いているZさんの話を紹介します。

Zさんは各部門から毎月「実店舗での売上の数字と、そこからわかるトレンド」を報告してもらい、それを「業績レポート」にまとめる仕事をしています。

とても段取り上手なZさんは、ほとんどの部署から納期までに報告をもらうことができているのですが、とある部門の担当者のことでいつも頭を悩ませていました。

Zさんが事前に何度もその担当者に根回しをしても、結局納期に遅れることが繰り返されていたのです。月末が近づくと、毎日のようにその担当者に催促メールを出すのがストレスになっていると、私に相談がありました。

「とにかくその部門だけが、毎回約束した納期に報告が上がってこないんですよ。別部門の人だから怒るわけにもいかないし、このひとつの部門のせいでレポートが完成しないのでイライラするし、本当にストレスなんです」

「そうなんですね。毎回遅れるって、どれくらい遅れるのですか？」

「だいたい、1日か2日くらいです」

「そうですか。例えば依頼するのを1日か2日、前倒ししてみるとか？」

「それもやっています。でも、どんなに早く依頼しても、結局報告してほしい納期に遅れるんです」

「どうして毎回遅れるのか、理由を聞いてみましたか？」

「そんな！　他部門の人なので聞けませんよ！」

「そんなことないですよ、聞いてみれば原因がわかるかもしれませんよ」


そんなやりとりをしてからしばらくして、Zさんから続報が届きました。

「林さん！　原因がわかりました！　あれから林さんのアドバイスに従って、思い切ってその担当者に、『どうして毎月、1日か2日、提出の納期に遅れてしまうんですか？　何か原因があるんですか？　もしよければ、相談に乗りますよ』って聞いてみたんです」

「そんなことがあったんですね！」
「そうしたら、同じ時期にいくつか作成しなければならない書類が重なっていて、それを依頼された順にやっていくとどうしても提出の納期に遅れてしまう。それが原因だったんです」
「なるほど。だったら、その仕事の順番を変えてもらえないか提案してみたらどうですか？」
「そうですね。やってみます」

その後Zさんはその担当者の元に何度か通い、どんな仕事をどんな順番でやっているのか教えてもらいながら信頼関係を築いたそうです。

そしてZさんがなぜ、その納期での報告が必要なのかについても丁寧に伝え続けたとのことでした。そして、優先順位の付け方について一緒に協議するプロセスを経て、とうとう仕事の優先順位を変えてもらうことに成功したのです。

このZさんの一連の流れは、「報・連・相」で言うと、「報告」をなかなかしてくれない相手に対して、「連絡」することを重ねて、「相談」に乗って、仕事のやり方を変えてもらった成功事例です。

このように、他部門の相手であっても**「報・連・相」を駆使すれば、相手の仕事の内容がわかって、改善することも可能**なのです。

私は同じような事例を、あるビジネス書でも読んだことがあります。

その本の著者は、独立する前に勤めていた会社で広報を担当していて、社内報を作っていました。現場の営業担当が、社内報用に頼んだ原稿をなかなか提出してくれないことが悩みでした。

打開するために営業担当の面々に「どうして締め切りまでに原稿をくれないのか?」とヒアリングしてみたのです。すると、ある社内的な手続きに時間を取られていて「営業の外回りから帰っても社内で時間がない」ということがわかりました。

そこで、その手続きを行っている部門にかけあって、営業の負担を軽くする改善を進めました。その結果、営業担当の帰社後の業務負荷が軽減され、結果的に原稿の締め切りが守られるようになりました。

リーダーになれない人は、「提出物が遅い」という目の前の事実に感情を害してしまって、力任せに「早く提出してください！　こっちの仕事が進まないんです！」とイライラを爆発させてしまいがちです。

しかし、リーダーになれる人は違います。ここでグッとイライラをこらえて、相手の立場になるのです。

「やってもらえないのには、相手なりの事情があるに違いない」と考えて、**理由を聞いてみる。すると、それまで見えなかったものが見えてくることがあります。**

そして、Zさんやビジネス書の著者のように、**「相談に乗る」「相手の困りごとを理解し、対処する」ことに成功する**のです。

こうした発想と行動が取れる人は、いざリーダーの立場になったときに、**チームのメンバーに動いてもらえる**でしょう。

習慣7

「悪い報告」ほど早く上げる

上司から「報・連・相」を求められたとき

リーダーになれる人は、

全体最適の視点で「悪い報告」でもすぐに上司に上げる。

リーダーになれない人は、

部分最適の視点で「悪い報告」を上司に上げない。

「報・連・相」の巧拙が成長スピードを決める

私のコーチングの仕事の対象には、企業のリーダーやリーダー候補の人たちの他に、「プロのコーチを目指す人たち」も入っています。

そんな「未来のコーチ」との対話の中で、私がよく思うことがあります。

それは、**『報・連・相』がうまい人は、成長が速い」という事実**です。

ひとつの事例を紹介しましょう。

「未来のコーチ」を対象とした私の個別セッションは、1カ月ごとの頻度で開催していて、常に複数の人数を受け持っています。

個別セッションの受講者は、私からまったく同じ内容のレッスンや指導を受けます。

私の指導を受ける、そんな受講生は1カ月後の次のセッションまで**一切連絡をしてこない人と、頻繁に連絡をしてくる人**にきれいに分かれます。

私からは「セッションとセッションの間でも、24時間いつでも連絡してきていいよ。それは、レッスンを受けている人の特権だから」と伝えていますので、条件は一緒です。それにもかかわらず、人によって極端に差がつきます。

頻繁に連絡してくる人のメールの内容は、例えばこんな感じです。

「この前のレッスンで教えていただいた対話の技術を、社内で他部門の人との会話に使ってみました」（報告）

「レッスンで教えていただいた〇〇の手法を使う意図は、こういう解釈で合っていますか？」（相談）

「あとから振り返ったらこんな疑問が浮かんできたのですが、教えてください」（相談）

「コーチングのこの手法を試してみたら、相手からこんな反応がありました。次の展開は〇〇にしてみようと思うのですが、どうでしょうか？」（連絡と相談）

これらの内容は、もしかしたら自分で解決できるレベルのものかもしれません。

しかし、良い意味で「いちいち」連絡してくれることで、私から「それいいじゃないですか」「今度はこうしてみたら?」と、細かなリアクションを受け取ることができます。

そして、これは当然のことですが、連絡をまったくしない人よりも、頻繁に連絡をする人の方が、私から数多くのことを聞き出しています。

これ、コーチとしての成長に大きく影響すると思いませんか?

「報告や相談をするくらい、簡単なことじゃないの?」と思われるかもしれません。

しかし、セッションとセッションの間になんの「報・連・相」もない人が実際には全体の8割ほどを占めているのが現実なのです。

せっかくの特権なのに、何とももったいない話です。

実際の職場で、何かと忙しくしている上司が、普段、部下からの質問に対してどれだけオープンでいるかはわかりません。

私はこれまで500カ所以上のオフィスを訪問していますが、にこやかに振る舞う上司に出会う確率は極めて低かったのが正直なところです。苦虫《にがむし》を噛み潰したような顔で、パソコンを凝視している上司が大多数でした。

しかし、そうした「話しかけづらい」雰囲気に負けることなく、『団体競技』をしているんだった！」と思い出して、必要な「報・連・相」ができるのが、できるリーダーになれる人の嗜《たしな》みというものです。

必要なのは、少しの勇気かもしれません。一見、話しかけづらい相手にも、勇気をふるってぜひ「報・連・相」のアクションを起こしてみてください。

「報・連・相」がすたれてしまった3つの理由

ここで「なぜ、昔ほど『報・連・相』が重視されなくなったのか」について触れておきたいと思います。

かつての高度経済成長期では、「企業戦士」という言葉が何の疑問もなく使われていたことからも、社員は言わば「会社のために働く戦士」といった位置づけでした。

経済は右肩上がりだったので会社にも勢いがあり、「課長！　やりました！」「おー、よくやった！」と、少し古臭い言葉で言えば、浪花節《なにわぶし》的なウェットなコミュニケーションがもてはやされた時代でした。

その中では「報・連・相」自体が立派な仕事のひとつとして認識され、それが上手にできる人材が評価されてもいました。

しかし、現代のビジネスシーンはようすが異なります。

「報・連・相」するだけでは、何の評価もされません。

現代のビジネスで焦点が絞られるのは、求められている結果を出せるかどうか。結果を出すためのプロセスに対する評価は、以前よりも疎かになっているように感じます。そのため、わざわざ時間をかけて「報・連・相」をするのも、されるのも億劫になってきた。これが「報・連・相」がすたれてしまった理由のひとつ目です。

「報・連・相」がすたれてきた2つ目の理由は、**最近、働く人たちの間で「干渉されたくない」という志向が浸透してきたこと**にあると分析しています。

「今、仕事がどこまで進んでいるか」「何に悩んでいるか」などについて聞かれることに、抵抗を感じる人が増えているようです。「結果さえ出せばいいんでしょ」という考え方をする人が多数派になりつつある。

すると上司としては、「報・連・相」を強制しにくくなります。下手に強制するとパワハラなんて言われかねない雰囲気までできてきたので、なおさら言いにくい。

3つ目は、**報告する側の「報告に対するハードル」が上がってしまったこと**です。「上司に報告するなら、それなりの成果や成功したことを報告しなければ！」「上司に報告するのなら、理路整然とまとめておかなければ！」などなど、伝えるならきっちりしなくてはという強いプレッシャーを感じる人が増えてきたように思います。

「報・連・相」をどう伝えるべきかアレコレ思案しているうちに、タイミングを逃してしまうケースが増えているのです。

これらが、私が思う「報・連・相」がすたれてしまった理由です。

これからリーダーを目指す人は、ここで考え方を一気にシフトしていただきたい。

「少し言いにくい環境でも、勇気を持って伝え合う」という方向のコミュニケーションを、意識してもいいのではないかと思うのです。

「報・連・相」は、悪いことほど早く！

報告する内容は、「成果や成功したこと」だけではなく、当然「失敗したこと」や「困っていること」など、**悪い報告**も含まれます。

そして、「悪い報告」ほど価値があるのが、ビジネスの現場というものです。

実際、「こういう理由で今、仕事が進んでいません」という部下からの報告が、上司にとってはとても貴重な情報だったりします。

ここで、**「悪い報告ほど早い方がよい」**という事例をひとつ紹介しましょう。

私の知人のHさんがかつて、ある広告会社に勤務していたころの話です。

上司でもある先輩社員が、肝入《きもい》りで作った広告が刷り上がりました。Hさんは、印刷会社から倉庫に届いたばかりの電車の車内広告を「へえ、これが」と眺めていたそうです。

すると、見てはいけないものを見てしまったのです。

ある1カ所に、なんと商品名の文字がひと文字抜けていたのです！

みるみる血の気が引いていくHさん。

もう刷り上がって、大量に納品されています。今から印刷し直したのでは、納期に間に合うかギリギリのタイミング。「うわー、エライものを見つけてしまった！　どうしよう、いっそ見なかったことにしようか」と、内心で葛藤《かっとう》したそうです。

葛藤したまま、Hさんはオフィスに戻ります。そこに何も知らない先輩が、Hさんに上機嫌で話しかけてきます。

「おお、倉庫はどうだった？」

Hさんは一瞬言葉につまって、「はあ」と生返事をしてしまいました。

「んっ？『はあ』ってなんだ？　何かあったのか？」

そう言われて観念し、「実は……、この広告ですが……1カ所だけ、文字が抜けています」と「報告」したのです。

それからの先輩の動きは、さすがに早かった。すぐさま刷り直しの手配をして、何とかことなきを得たそうです。

これこそ**「悪い報告ほど早く」**の実例です。

このときはたまたま、先輩のカンの良さも作用してことなきを得ましたが、こうした上司への「悪い報告」は誰しも気が進まないものです。報告する勇気がどうしても湧いてこずに、そのままになってしまうといったことが職場では起きがちです。

もしあなたが、「こんな報告をするのは恥ずかしい」という自己防衛、「今伝えたら、怒られるかもしれない」という不安、あるいは「自分が言わなくても、誰かが伝えてくれるだろう」という責任放棄に陥るようなら、それは自分の利益（保身）のためだけに働いている証拠です。

このような状態を、私は**「部分最適」**と呼んでいます。

簡単に説明すると、自分にとってのメリット・デメリットを比べながら行動を決めていくアプローチで、**それが会社やビジネス全体にどんな影響を与えるかについては、まるで考えが及んでいない状態**を指します。

反対に、自分の恥ずかしさや不安、誰かに任せて知らんぷりしたい欲求などを冷静に見つめて、それが会社やビジネス全体のメリットになるのか、それともデメリットになるのかを判断し、「報・連・相」を適宜行うことを**「全体最適」**と呼んでいます。

こちらは、**会社やビジネスというわゆる「チーム」全体のメリット・デメリットを考えながら、取るべき行動を決めていく**アプローチですね。

リーダーになれない人の考え方の傾向が「部分最適」であるのに対して、リーダーになれる人の考え方の傾向は「全体最適」に向かうと私は考えています。

あなたの所属するチームの中での「部分最適」と「全体最適」について、ぜひこのタイミングで考えてみてください。

あなたは「全体最適」を見据えて、行動できているでしょうか？

習慣8 他部署の人や仕事に関心を持つ

周りの人たちとの連携について

リーダーになれる人は、

周りの人がどんな仕事をしているかを把握しているので、連携がスムーズに進む。

リーダーになれない人は、

自分の仕事以外に関心がないので、周りの人との連携がうまく取れない。

周りの人の仕事の内容やプロフィールを把握しておく

習慣5で、私が学生時代にアルバイトをした食品会社の工場で「言われたことだけちゃんとやって」と怒られた経験をお話ししました。

リーダーになれない人は、上司からそんなことを言われるまでもなく、**「自分の仕事の前工程や後工程」に興味がありません。**自分以外の人が、社内でどんな仕事をやっているかよく知らないし、知ろうとも思いません。

一方、リーダーになれる人は**「自分の周りで誰がどんな仕事をやっているのか？」「周りの人や他部門の人とどんな連携を取れば、仕事がうまく進むのか？」**などに興味を持って、それらを的確に摑んでいます。

リーダーになる前から、周りの人たちに「報・連・相」がうまくできているのです。

「一般社員のうちから、周りの人たちの仕事に興味を持つ」ことは、人を育てるうえでも大切な要素です。しかし、これを社員に奨励している会社は、私が知るかぎりほとんどありません。

ひどい会社になると、「おまえは黙って書類に目を通して、ハンコを押していれば仕事が回るんだから、余計なことは考えるな」「不用意に他部門の人間と口をきくな」などと、上司が部下に言い放つ会社まであります（どちらも、某大手企業に勤めていた人が体験した実話です）。

ところが、そういう会社にかぎって、その人がいざリーダーになると「もっと視野を広く持て」なんて急に言い出すのです。それだったら、リーダーになる前から「周りの人たちの仕事に興味を持て」と伝えておいてほしいと思うのは私だけでしょうか。

そんな私のグチはこのくらいにして、先に進みましょう。

これは私が長年、リーダー職に就く人を観察してきた中でわかったことですが、リーダーになれる人は、**他部門で働く人たちの仕事内容だけでなく、その人たちのプロフィールまでしっかり把握している**ものなのです。

ここで言うプロフィールとは、「その人の仕事に対する考え方」や「あの部門のAさんとBさんは相性があまり良くない」といった社内の人間関係にまつわること、「Cさんはトライアスロンが趣味で、木曜日の夜は練習に行くから定時で帰る」といった個人の趣味や行動パターンなど、仕事以外の情報も含めたものです。

そうしたプロフィールを把握していると「この件についてわからないときは、総務部のDさんに聞けばよい」とか、「Cさんに仕事を依頼するときは、木曜日の夕方を避ける」とか、「この議題についての会議にAさんとBさんを同席させると、対立して議論が進まなくなる」というように、仕事をうまく回す手が打てるのです。

これは『否定しない習慣』（フォレスト出版）という本で紹介した話ですが、私は以前「うまくいっている夫婦」と「うまくいっていない夫婦」の会話にどんな違いがあるのかを調査したことがあります。

複数のご夫婦に協力してもらって調べた結果、ある事実がわかりました。

それは、「うまくいく夫婦」は**「即興的相補性」が高い**という事実です。

この「即興的相補性」とは、簡単に言えば**「お互いがお互いの仕事をよく理解していて、言葉を交わさなくてもフォローし合うことができる能力」**のことです。

例えば「あっ、今パートナーは子どもをあやしているな」と思えば、「言われなくても代わりにゴミを捨てに行く」というように、自然とお互いに仕事を補完し合えるのです。

私はこれを、夫婦という関係性が長く続く中で「報・連・相」を繰り返した成果と捉えています。お互いがコミュニケーションを存分に取り合う経験を重ねたことで、双方の行動や思考への理解が深まり、阿吽《あうん》の呼吸が生まれたのだと考えています。

この調査自体は「夫婦」を対象にしていますが、これはそのまま職場の「報・連・相」にも通じると思っています。

仕事がうまく運ぶ職場は、やはりお互いにお互いの仕事を理解していて、自然に補完し合えています。

普段からそれができている職場では、誰かが急に休んでも、その人の仕事の内容を他の人がわかっているので、すぐに誰かがフォローに入るために困りません。

リーダーになるのならば、誰がどんな仕事をしているのかを把握しておき、不測の事態でも困らないように備えておかなければなりません。

このように、**周りの人たちの仕事内容やプロフィール、そして人間関係などを把握することは、リーダーを目指す人にとってとても重要な能力**です。

他部門の仕事を知ることは、ステップアップにもつながる

ある大手企業に勤務している、私のお客様の話です。

その方はずっとその大手企業の支社でマネジャーとして働いていたのですが、あるとき私に相談してきました。


「林さん、ずっと支社で働いてきましたが、はっきり言ってもう飽きました。そろそろ、東京の本社で働きたいと思っているんですけど、どうしたらいいですかね?」

「本社に行きたいという希望は、会社に伝えているんですか?」

「ずっと希望は出しています。でも、『君を行かせる部門がないから』って言われ続けています」

「ご自分では、本社にどんな部門があって、それぞれがどんな仕事をしているのか調べたりしていますか?」

「えっ? ……それは、実際に調べたことがないです」

「まず、それを調べてみてもいいかもしれませんね。それと、本社の人とのつながりはありますか？」

「えーっと、関係があるのは全部で3人です」

「3人ですか……。もう少し多いかと思いました」

「そうですよね」

「これまでの話を要約すると、本社で働くことに関して具体的なイメージはないけど、とりあえず本社に行きたいと思っているのですね」

「そう言われれば、確かにそうですね」

「これは提案ですけど、まずは本社の仕事の内容を摑んで、ひとりでも多くの人とつながりを持ってみたらどうでしょうか？」

「わかりました。そうしてみます」


そんな会話をしてから、そのマネジャーさんは本社の仕事をいろいろ調べて、本社の人たちとの人脈も積極的に作ったそうです。

そして、次の人事異動のタイミングの前に「本社のこの部門で、こういう仕事をしたい」と具体的な希望を出したところ、晴れてその希望が通ったということでした。

自分の属する部門やチームだけでなく、他部門の人たちの仕事を知ってネットワークを広げておくとステップアップにつながるという事例です。

大変化に戸惑わないためにも「報・連・相」を大切に

この登龍門②では、リーダーになれる人は「報・連・相」を大切にするというお話をしてきました。

ちょっと古いイメージのある「報・連・相」が、リーダーになるうえでいかに大切か伝わりましたでしょうか。

「リーダーになる」とは、やっているスポーツが変わるようなものです。

先の項目でも少し触れましたが、イメージとしては、リーダーになるとやっているスポーツの競技自体が変わるほどの大変化が起きるのです。

たとえるなら、短距離走とかマラソンとか、陸上競技をしていた選手が、ある日突然、サッカー選手になるようなものです。

陸上競技では、例えばチームで戦うリレー競走でも、前の走者からバトンを受け取ったら、自分の持ち分を必死で走って次の走者にバトンを渡せばよかった。

自分の担当の仕事を必死でこなす。これが一般社員の仕事のイメージです。

それがリーダーになると、その陸上競技からサッカーに急に変わるのです。

サッカーですから、フィールド全体を見て、どこに味方の選手がいるかを把握し、パスを回しながら味方と協力し合って、共通の目的であるゴールを奪わなければならなくなる。

ときには絶妙なアイコンタクトを交わして、味方の次の動きを予想し、そこにボールを出すという高度なプレーが要求されることもあるのです。

リーダーになると、やっているスポーツが変わるくらい、仕事が大きく変わる。

急に変わって慌ててしまわないように、アイコンタクトやパス回しの練習のつもりで、今から「報・連・相」の習慣を大切にしておいてください。

演習2 「ステークホルダーマップ」に矢印を書き入れよう

登龍門①の最後の演習1で、自分を取り巻く人たちとの関係を可視化する「ステークホルダーマップ」作りを行いました。

この演習2は、その続きです。

書かれた人たちを矢印でつないでみる

マップに書かれた人たち同士に関係があれば、矢印でつないでみましょう。

たくさんの登場人物が出演する大河ドラマのガイドブックや長編漫画には、「登場人物相関図」がありますよね。完成版はあんなイメージになります。

矢印は、その関係性によって変えてみます。

まず、「一方向だけの矢印」「双方向の矢印」があるでしょう。

ステークホルダーマップ
（矢印を書き入れる）

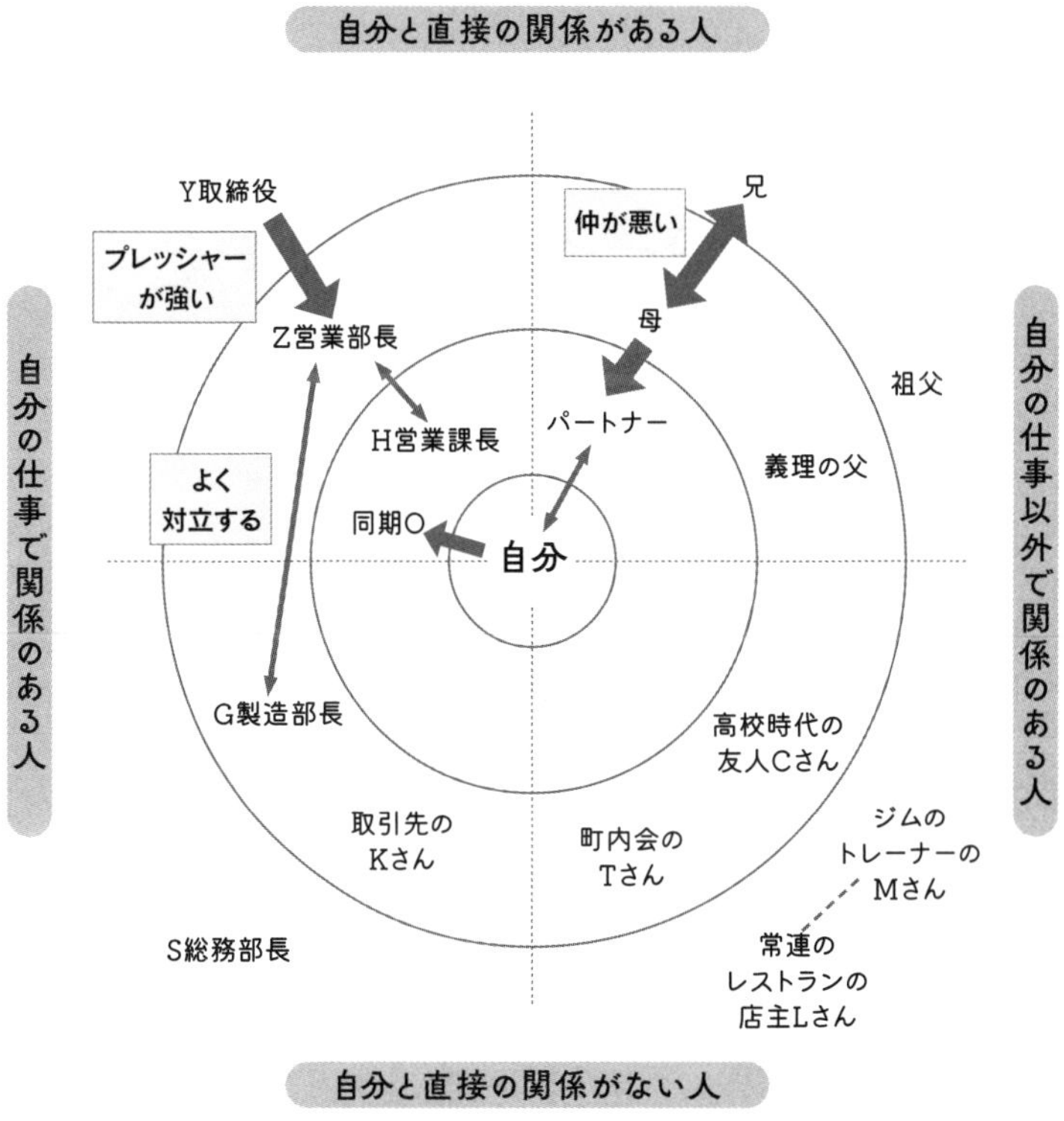

関係が強ければ太い矢印にしてもよいし、関係が今ひとつ不透明なら、点線の矢印にしてもよいと思います。

これらの矢印を書き込むことで、自分を取り巻く人たち同士の関係性が可視化できます。

「ステークホルダーマップをあまり複雑にしたくない」という方は、この演習はパスしても構いません。

また、「この2人がお互いを嫌っていることは、忘れないようにしよう」というように、重要な部分を書き込んでおくと役に立ちます。

リーダーへの登龍門③

「意思決定」に責任を持つ

習慣9

担当が曖昧な仕事を「自分の仕事」にする

担当がハッキリしない仕事について

リーダーになれる人は、
「誰もやらないなら私が担当します」と言って、
自分事として責任を負う。

リーダーになれない人は、
「それは私の担当ではありません」と言って、
関わらないようにする。

リーダーになれない人がよく口にする言葉ナンバーツー

習慣5で「リーダーになれない人がよく口にする言葉ナンバーワン」として、「自分の仕事は自分で管理できて、やれと言われたことはちゃんとやっています。だから、上司への普段の『報・連・相』なんて必要ありませんよ」という言葉を紹介しました。

同じスタイルで、「リーダーになれない人がよく口にする言葉ナンバーツー」を挙げるとするなら、このような言葉を選びたいと思います。

「それは私の仕事ではありません」

あるいは、

「どこまでが自分の仕事かわからないんです」

あなたが働く職場では、次のような言葉が蔓延《まんえん》していませんか？

「それは私の担当ではありません」

「それはウチの課の仕事ではありません」「それはちょっと範疇《はんちゅう》の外ですね」

会社の仕事ではたいていの場合、それぞれの仕事を任されている、いわゆる「担当者」が存在します。もしあなたが「私はその仕事の担当者ではない！」という意思表示をしたいのなら、こうした発言も納得できます。

そして、これは習慣7で説明した「部分最適」（97ページ参照）に該当することにも、きっとお気づきになるのではないでしょうか。

ただ実務的には、複数のメンバーが作業を分担して、ひとつのタスクやプロジェクトを完了させる、いわゆる「協業型」の仕事も数多く発生します。その中には、仕事の分担を明確に切り分けられないグレーゾーンの業務は意外と多いはず。

そんな**「担当が曖昧な仕事」**の場合に、先に挙げた発言をすると、チームやビジネス全体にどんな影響を与えるでしょうか。

そんなことを考えながら、この項目を読み進めてみてください。

誰も意思決定しない「残念な経営会議」

私が以前、「経営会議のファシリテーター（司会進行役）」をやらせていただいた、ある会社でとても残念に感じた出来事を紹介します。

この経営会議は、社長、副社長、取締役、財務部長、営業部長など、経営の中核となる面々が全員参加して実施されました。

そして、その会議でちょっとした事件が起きました。ここでは、その瞬間を思い出しながら、実況中継風に再現してみます。

その事件は、会議の中盤に差しかかった時間帯で勃発しました。具体的な議題は機密保持の観点からお伝えできないのが残念ですが、議論のテーマとしては、従業員満足度の向上、そして、離職率を下げるにはどんな選択肢があるかといったものでした。

参加者はこの問題について、各自の役割や肩書きからそれぞれのポジショントークはするものの、いっこうに「では、私が責任を持って推進します」といったコミットメント（強い意思表示）が出てきません。司会進行をしていた私はしびれを切らし、こんな形で口火を切ってみました。

「あの、ちょっといいでしょうか？　おひとりずつ伺いたいのですが、この問題について、最終的に意思決定をするのはどなたですか？　財務部長、いかがですか？」

「私じゃないですね」

「営業部長は？」

「私ではないです」

「常務、いかがですか？」

「私ではありません」

そんな形で、順番に同じ質問をそれぞれの方にしました。それぞれから「私ではない」という発言をいただき、多少、意気消沈気味の私。そして、最終的に順番は副社長にまわりました。

「副社長、いかがですか？」

「私ではないです」

さあ、最後はもう社長だけです。

「では社長、最終的に決めるのは社長ですか？」

「私じゃないです」

「えーっ！　誰も決めないの？」というのが、その瞬間に湧いた私の心の声です。

進行役を任されている私は、ちょっと変化球でこんな問いかけをしてみました。

「皆さん、それぞれコメントをいただきどうもありがとうございます。ひとつ考えてみてほしいことがあります。この経営会議は今、密室で執り行われていますが、これが例えばオンライン配信されていて、この会社で働く社員全員が生放送で視聴していたとしたら、見ている方々はどんなことを感じると思いますか？」

こんな問いかけがあると、物事を別の視点で考えるきっかけになります。果たして、「私ではない」という発言は会社全体のことを考えたときに、適切なものだったのでしょうか。

事実情報として、「それは私の担当ではない」と発言することは極めて簡単ですが、

その発言が働く社員全員にどんな形で影響し、何が引き起こされるかを想像することができていない。こうした出来事が中間管理職レベルだけではなく、経営幹部レベルまで含めて数多く発生しているのが、会社の不都合な真実だったりします。

もし仮に、私がこの会社で働く社員で、この会議の配信を視聴していたら、エンゲージメント（会社に対する愛着心）が上がるどころか、その瞬間に退職したくなるだろうなと思ったことも、ひとつの客観的な意見としてお伝えしておきます。

その会議の結末がどうなったのか、ということだけ最後にお伝えしておきましょう。

結局、最終的な意思決定は先送りになり、具体的なことが何も決まらずにお開きとなりました。また、私の関わり方を社長はあまりポジティブに受け取らず、「余計なことをしないでほしい」というフィードバックを受けたのを覚えています。

その結果、私はその経営会議を最後に、コーチを解任されてしまいました。

その後、その問題がどうなったのかはあずかり知るところではありませんが、そんな会社もあったという残念な記憶のひとつです。

これから、できるリーダーを目指すあなたは、ぜひ反面教師にしてください。

「どうすれば自分が担当できるか」を考える人がリーダーになれる

かつて、NHKに『プロジェクトX　～挑戦者たち～』（2000年3月～2005年12月放送）という番組があったのをご存知でしょうか。

主に戦後から高度成長期の日本を舞台に、実在の企業で画期的な新製品やサービスを開発するプロジェクトチームなどが、幾多の困難を乗り越えて成功する姿を追ったドキュメンタリー番組で、ビジネスパーソンの熱い共感を呼び、人気を誇りました。

リーダーを目指す方々の多くが、番組でフォーカスされるプロジェクトのリーダーたちが絶望的とも言える困難を懸命な努力で乗り越えるようす、そして成功を摑んだときの達成感と心からのよろこびあふれるシーンに感動し、「自分もいつの日か、こんな大きなプロジェクトをリーダーとして成し遂げてみたい」と感じた番組でした。

そう、私たちの多くは心のどこかで『プロジェクトX』の主人公になってみたいと願っているんだと私は勝手に考えています。

ただし、番組を見た直後は感化されて意気込みを新たにするものの、翌朝、会社に出社すると、またいつもの自分に戻ってしまうという傾向も私たちの中には存在したりします。悲しいかな、これもまた現実なのです。

もう少し誇張して言うと、いざ、自分が主人公になるチャンスがめぐってきても、なぜか多くの人がスルーしてしまう。これが私たちの日常だということです。

私のコーチングを受けてくださっているお客様に、あるとき「以前『プロジェクトX』が好きだって言っていましたよね。今回の仕事はその主人公になるチャンスだと思うのですが、どうして自分から取りにいかないのですか？」と聞いたことがあります。

その方からは、こんな答えが返ってきました。

「あれは、ファンタジーですから」

プロのコーチの仕事は、相手の発言を丁寧にお聞きすること。そして、お相手の可能性を信じること。ですので、すぐに否定することは少ないのですが、このときばかりは「いやいや、全部、実際にあった話なんですけど……」と否定したい気持ちがむくむくと湧き上がり、我慢するのがひと苦労だったのを覚えています。

なにもこの方が特殊なケースというわけではありません。実は多くの人が似た思考をしているのも事実です。

「大きな仕事を成し遂げたい」という願いを持ちながらも、現実には、「自分に自信がない」「貪欲に仕事を取りにいくのはカッコ悪い」「責任を負うのが怖い」……といったさまざまな理由で一歩を踏み出さずに終わりがちです。

ここにも、前述のような「それは私の担当ではありません」「私には決める権限はないです」「ウチの係の範疇じゃないです」など、部分最適が顔を出しています。

これでは、いくら言葉を発していても、結果的に何も行動につながっていません。

もちろん、そういう人は「リーダーになれない人」です。

一方、「リーダーになれる人」は、**「(誰もやる人がいないなら)自分がやりたいと思います。どうすれば担当できますか? 何を決めればいいですか?」**と、自ら役割を取りに行き、最初の一歩を踏み出そうとします。


逆説的に、「リーダーになれない人」は、「どこまでが自分の仕事なのかわからない」

と言って悩むことが多いのです。

これは、私の主催で毎週1回開いているプロコーチ向けのスクールでのお話です。私は受講者の方々に毎回、「少しでも疑問に思ったことは、勇気を持って質問してほしい」とリクエストをしています。

オンライン開催だと画面越しに声を上げるのは勇気が必要だと思い、毎回冒頭で私からリクエストをして、積極的な参加を促しているわけです。

講師を務める私は、教えるかたわらで受講者のようすを画面越しに見ているのですが、あるとき、ひとりの受講者の質問をしたそうな表情に気がつきました。

結局、その方は質問をせず、その日の講義が終わると静かに退出されました。きっと聞きたいことがあったのだと思います。

このことが気になった私は、後日、その方と少しお話をしてみました。そして、そこで知った事実は次のようなことでした。

確かに質問したいことがあったのは事実です。ただ、内心は「早く誰か『質問があります』って発言してくれないかな」と思っていて、誰かが手を挙げたり、誰かが指名されたりすると、「ああよかった。自分は発言しなくて済んだ」とほっとする……。ただ、実は**心の奥底では、「自分も積極的に質問してみたかった」という思いも持っていた**のです。

このお話は私のスクールでの出来事ですが、きっと皆さんも、似たような経験をされたことがあるのではないでしょうか。

こんな事象を私は**「どこまでが自分の仕事かわからないんです」症候群**と名付けています。私たちには、一歩踏み出すことを躊躇する思考パターンがあるようです。

私がコーチングをしている最中でも「どこまでが自分の仕事かわからない」という言葉を、お客様からお聞きすることが多いです。そんなときには決まって、「どこまでだと思いますか？」と聞くようにしています。

そう、「わからない」は話の終わりや行き止まりではない。そこから、想像力を膨らませて再出発することができるのです。

ときには、こんなふうに言って背中を押すこともあります。

「誰がやるかが明確になっていない仕事なんだから、あなたが『やる』と決めればそれで決まりじゃないですか。そもそも、自分の仕事の垣根を越えて、どこまでできるかやってみる。それがイノベーションの入口じゃありませんか？」

私のこの言葉を聞いて、「そうか、自分で決めていいのか！」と気づきを得てくださる方もいます。

与えられた仕事をこなすだけでは、自発的な意思決定力は磨かれません。

「どこまでが自分の仕事かわからないんです」症候群から勇気を持って抜け出すことができれば、より力強く、能動的な意思決定ができるのではないでしょうか。

そして、もしそんな意思決定ができれば、自分がその仕事の中核になれます。

そうやって自分で決めた瞬間に、「与えられた仕事、やらされている仕事をこなしている状態」から、**「自分でやりたい仕事を、やりがいを持ってやる状態」**に変わるのです。

それこそがイノベーションの入口、そして**リーダーへの入口**になるのです。

習慣10 仮説を立ててから決める

仕事上で意思決定するとき

リーダーになれる人は、

データの裏付けを取ってから、仮説を立てる。

リーダーになれない人は、

勘や感覚で決める。

意思決定を勘に頼る人 データの裏付けを取る人

前の習慣9では、慎重派でなかなか自分から意思決定できない、責任を取りたがらないタイプの人について話をしました。今回はそれとは逆のタイプ、すぐ物事を決めるものの、その根拠が感覚だけの人、いわばヤマ勘重視の人について触れてみます。

意思決定がなかなかできない人は「リーダーになれない人」ですが、逆になんでもかんでも感覚的にどんどん意思決定してしまう人も、リーダーになれない人……いや、**「リーダーになると、うまくいかないタイプの人」**だと考えます。

私がコーチングで関わっている経営者の方々の中には、天才的なヤマ勘を発揮して組織を引っ張っている人がいます。私から見ても、驚異的な勘や予見能力を持っていると思える人も少なからずいます。しかしその実、大半の方は誰も見ていないところでしっかりと地道なリサーチや勉強をしているのが、これまでの経験からわかってきたことです。一見、ヤマ勘によって下されたように見える意思決定も、実はその背景に豊かな経験に裏打ちされた説得性のある読みや、緻密《ちみつ》な計算があるものです。

ちょっと乱暴な言い方かもしれませんが、そうした裏付けもないのに**「これでいってみようか」というノリで意思決定をしてしまう人は、組織を動かすリーダーとしては危険なタイプ**と言わざるを得ません。

リーダーになれる人は、感覚だけで物事を決めません。

決して、慎重すぎるというわけではありませんが、しっかりと**仮説を立てて、その仮説を検証してから最終決定をします。**

ここでは、私のお勧めする仮説の検証方法について少しお伝えします。仮説検証には、プロトタイプ（簡単な試作品）を作って実際に少数の人に試してもらうということ以外に、「知見のある人に情報をヒアリングする」「文献を調査して情報を得る」「ネット検索などで情報を得る」など、さまざまな方法を活用することをお勧めしています。

ここでのポイントは**「量が質を生む」**です。なるべく素早く、資金や時間をかけずに情報量が担保できることを優先するのです。

私はかつて、オランダに出向いて本格的に**デザインシンキング**を学んだことがあります。この仮説検証は、そのときに学んだ手法のひとつなのですが、徹底されたのが、まさにこの**「感覚値で決めてはいけない」**ということでした。

感覚値を頼りに意思決定したら、うまくいった。そんなときもあるとは思いますが、それでも確率論的には低くならざるを得ませんし、再現性もありません。リーダーになろうと志す方であれば、別の方法を知っておくことをお勧めします。

その方法論のひとつがデザインシンキングです。

デザインシンキングとは、もともと顧客の感情をベースに商品をデザインする手法ですが、そのプロセスの一丁目一番地、最初のステップは仮説を立てることからはじまります。そして、仮説→実行→検証を繰り返す点に特徴があります。

例えば、「会社の主力商品であるカップ麺の売上が落ちている」という課題に対する対策をデザインシンキングを使って考えてみましょう。

○ 課題について、いろいろなアイデアをたくさん出す（量を担保する）。
○ 出されたアイデアの中から、例えば「競合他社が似た商品を発売したことで、目新しさからそちらを選ぶお客様が一時的に増えている。店頭にPOPを出すようにして、競合商品と一緒に買って食べ比べてもらう、といったキャンペーンを打つのはどうか」などのように仮説を立てる。

○その仮説について、営業担当者や小売店から広く意見を求めたり、販売データを分析したり、既存のキャンペーン事例を見たりして、裏付けとなるデータを集める。

○データを元に精査した仮説を、例えば数店舗でテスト的に実施してみる。

○実施されたテストの結果を検証する。

○検証の結果から改善点を探り、もしその試作に効果がないことがわかれば、別のアイデアを試すなどして素早く修正していく。

これを繰り返していくのが、デザインシンキングの中で言う「クイック・プロトタイピング」というプロセスです。

実際の実務の中で、ここまできっちり実行するのは難しいかもしれません。しかし、リーダーを目指す人はヤマ勘重視で決めるのではなく、こうした筋道立ったロジカルなアプローチを覚えておくといいと思います。

このスタンスを取ると、自分の意思決定に責任を持つことにもつながります。

習慣11 小さな「できること」から着手する

大きな目標を課せられたとき

リーダーになれる人は、

「今、できること」に着目して、
最初の一歩が進められる。

リーダーになれない人は、

何をしたらいいかが、わからなくなって、
一歩も進まない。

「小さな一歩」の意思決定に進めるかどうか

例えば、会社から突然、こんな号令がかかったとします。

「来期までに、売上金額を2倍にする」

さあ、あなたが営業部門のリーダーだったら、いったいどうしますか？

なにも2倍でなくても、要はこれまでの延長線上では到底達成できない高い目標を課せられてしまったら……というケースです。

そんなとき、**「リーダーになれない人」はパニック状態に陥り、何をしたらいいかがわからず、何も決められなくなってしまいます。**

せいぜい、「会社の役員たちは、いったい何を考えているんだ！　現場の状況がまるでわかっていないじゃないか！」と、文句を言うくらいでしょうか。

同じ号令を受けたとき、「リーダーになれる人」はどうか。

「これはとんでもないことになった」とは思うでしょうが、そのあとに考えることが違います。
「いったい、**今、何から手をつけられるだろう？**　とりあえず、現状でお付き合いがある会社の売上内容を細かく分析してみるところから始めてみようか……」と考えて、**今の自分の立場でできる小さなことから行動できる**のです。

表現を変えれば、**「最初の一歩をデザインすることができる」**。

これが「リーダーになれる人」と「リーダーになれない人」の差です。

課題が大きすぎると、誰でも「できるだろうか」と不安になるでしょうし、もしかしたら「できっこない」と諦めてしまいがちです。
しかし、どんなに大きな問題も、細分化することができれば解決の糸口が見つかるものです。
たいていの人は、達成が難しそうなとてもハードルの高い目標を目の前にしたとき、無策のまま立ち尽くす、あるいは「とても無理じゃないか……」と思考がストップする傾向があります。

先に挙げた「売上2倍」の場合なら、

「今ですら毎月の数字をなんとか達成させるのに精一杯の状態なのに、いきなり2倍なんて無理！」

と考える傾向が私たちにはあるということです。

それはそれで、人間の心理ではあります。しかし、そこで諦めてしまえばイノベーションは起こりませんよね。

ここで考えてほしいのは、

「どのようにすれば、今いる人材と予算で2倍の売上を達成できるだろうか？」

と、**与えられたお題を問いの形式に変換する**ことです。

この問いを作ることができれば、最初の関門は突破したのも同然です。

例えば、この問いを用いてチームでグループディスカッションをするとか、目新しいところでチャットGPTに質問しても面白い答えが返ってくるかもしれません。

こうしてたくさん出たアイデアの中から、最適な選択肢を選ぶことで、最初の一歩をデザインすることができます。

このように、小さな「できること」から取り組むことに着目できるかどうかが、その後の目標達成の成否を左右する重要な要素だったりするのです。

ちなみに、デザインシンキングの世界では、大きな課題の解決策をデザインするときに、**「最大限の影響力や効果が期待できて、もっとも少ない労力でできることは何か？」**という考え方をよくします。

これを私はナッジ（nudge）と呼んでいるのですが、あなたの目の前にある課題や目標に対するナッジはどんなことですか？

考えてみてください。

習慣12 自分がロールモデルになる

会社に「理想とするリーダー」がいないとき

リーダーになれる人は、

「自分がリーダーのファーストペンギンになる」と考える。

リーダーになれない人は、

「モデルになるようなリーダーがいない」となげく。

人マネの受け身で終わるか能動的にキャリアを築くか

「ファーストペンギン」という言葉をご存知でしょうか。

「集団で行動している群れの中から、新たな世界を求めて、最初に海に飛び込んだペンギン」という意味です。「リスクを恐れずに新たな市場に飛び込むベンチャー企業」などを称して、「業界のファーストペンギンになった」などと表現したりします。

私は、**「リーダーになれる人」は組織において、この「ファーストペンギン」になれる人**だと思っています。

私が係長クラスの方をコーチングしていると、よく、こんな声を聞きます。

「ウチの会社には、ロールモデルになるような課長がいないんですよ」

「どうしたらいいでしょう？　観察しようにも、手本がいないんです」

と言って悩んでいるのです。

私自身は前例のない新しいチャレンジが大好きなので、自分が心に描いている**「理想の課長」がいないのなら、「自分が理想の課長になる」ということをモチベーションにして、自らを鼓舞すればいい**と思います。しかし現実問題はなかなか、そんな発想には至らない方も多いようです。

また、もし仮にあなたの会社に理想とするようなリーダーのロールモデルがいたとしても、その人のやり方をただコピーするだけでは、ただの二番煎じで終わってしまいます。オリジナリティーが足りない、あるいは、時代遅れのマネジメントスタイルを身につけることになりかねません。

そんな、「他人の人生を踏襲するような人生で面白いですか？」という質問は、ちょっと意地悪すぎるでしょうか？

理想の「型《かた》」をマネることは、確かに成長の近道ではあります。しかし、それだけで終わっては「型破り」にはなれません。

リーダーになるということは、**「与えられた仕事をこなしていた状態から、自分の裁**

量で仕事をしていく状態に変わる転換期」です。

オーバーに言えば、ここで「やるか？　やらないか？」によって、会社の中で、**受け身の人生で終わるか、能動的に自分のキャリアを作れるかが決まる。その大きな「分岐点」**なのです。ですから、

「ロールモデルがいなくても、自分が『理想のリーダーのファーストペンギン』になって、求める未来は自分で作っていくぞ！」

と宣言できるくらいの気概がほしいところです。

手前味噌で恐縮ですが……。

私が「国際コーチ連盟 日本支部」（現在は一般社団法人 国際コーチング連盟 日本支部）の第3代代表になったとき、日本における同団体はまだ「草の根団体」のような状態でした。そこで、代表になった私は、

「このままではダメだ！　我々は、組織を一般社団法人化し、日本を代表する業界団体になって日本でのコーチング普及の一番先頭を走る！」

と特大の花火を打ち上げることにしました。

当時一緒に働いてくださったスタッフの方々からは、当初、
「なんでボランティアの私たちがそこまでしなきゃいけないの？」
とブーイングの嵐が起きました。

実際、日本を代表する業界団体として活動するならば、これまでの草の根的な活動に比べて仕事量が4倍ほどに激増しましたから、たいへんだったのは確かです。

しかし、私としては業界のファーストペンギンになるつもりで、一般社団法人化に奔走したのです。

その甲斐あって、代表に就任してから7〜8カ月後には、無事に社団法人の資格を取得することができました。

この私の一連の行動は、特に前任者からお願いされたことでも、団体の当初計画として決まっていたことでもありません。**私自らが「そうしたい！」と願い、決めたこと**でした。

団体の3代目の代表という立場でしたから、2代目の方が敷いたレールの上を特に何も考えずに進み、活動を続けていけば、それで業務や活動自体が滞ることはなかったわけです。しかし私としては、本当にそれが団体やコーチング業界のためになるの

だろうかと俯瞰的に考え、その強い思いに突き動かされて、新しい動きを進めることになりました。

これが私の「ファーストペンギン」のお話です。

ちなみにこの団体の代表の座はもう何年も前に4代目の方に譲りましたが、このときの経験は、今も私の中で脈々とひとつの自信として生き続けています。

自分にそんな経験があるので、私が関わるリーダーの皆さんにも、

「ファーストペンギンになる気構えで、自分から意思決定をしましょう」

と、確信を持ってお伝えできるのです。

WH↕CH?

リーダーへの登龍門④

「自分の意見」を
ハッキリ伝える

習慣13 堂々と自分の意見を述べる

会議などで意見を求められたとき

リーダーになれる人は、

「私の考えでは……」と自分の意見をハッキリ言う。

リーダーになれない人は、

「自分の意見なんて……」と遠慮して意見を言わない。

重宝されるけれど、「あと一歩」が足りない人

次に紹介する事例の舞台は、海外の高級自動車ブランドの日本支社です。その支社に転職してきたTさんのリーダーシップ開発について、私が依頼を受けたときの話です。

この自動車ブランドは、自動車レースの分野でも華々しい成果を挙げていることが有名でした。お客様の中でも、購入した同ブランドの車両でレース活動をする方も多いのが特徴です。そのため、この日本支社で働く人たちも、自動車そのものへの知識や、レースに出場するためのノウハウなど、専門技術や経験が豊富ないわゆる「経験者」として採用されるケースが大半でした。

そのため、通常業務の最中でも専門用語がどんどん飛び交うような職場環境だったりします。そんな職場の中で、Tさんは一部上場の総合商社から転職してきた、異色の経歴を持つ人物でした。

Tさんの上司によれば、「Tさんには、異業種から来た人が持つ新鮮な目線でいろい

ろな改革をしてほしいと期待しています。そして、大企業から来た人なので、組織のスケールメリットを生かして働くことや、規模感の大きな仕事の仕方のノウハウをぜひ私たちにも教えてほしいと思っています」とのことでした。

さらに、「業界に長くいる我々が見逃していることに気がついて、みんながより情報共有しやすいシステムの構築方法を考えてくれたり、読めば誰でもすぐ作業できるマニュアルを作ったりしてくれて、すごく重宝しています。そのうえ、人柄も良くて、面倒見もいい」と高評価が続きます。

このようにTさんに対する上司の評価は上々なのですが、どうもひとつだけ「物足りないこと」があるそうなのです……。

「**自分の仕事を効率的にこなすという点では申し分ないのです。でも、なかなか自分から考えを発言してくれません。自分から強く主張して周りを動かすとか、改善を全体に波及させるとか、そういうことがないのです。**よく言えば謙虚。悪く言えば積極性がないんです」

直属の上司そして会社の経営陣にとっては、そこが今ひとつ物足りない。その結果、なかなかTさんをリーダーとして抜擢しにくいというのです。

今回の私の役割は、Tさんのリーダーシップ能力を向上させること。実際に会社に出向き、いざTさんとの対話を始めてみると、確かに自分の考えや意見を積極的に発言するタイプではないことがわかってきました。


このプログラムの一環として、Tさんが普段接しているチームのメンバーを10名程度集めて、チームでの討議を実施したことがありました。そのときも、Tさんはメンバーの意見の聞き役になって、まったく発言しませんでした。

ファシリテーター役の私が、「Tさんはどう思いますか？　どんな意見があるか、ぜひ教えてください」と水を向けても、**「いや、私の意見なんかより、もっと大切な議題があるので、そっちをやってください」**と、すぐに黙ってしまいます。

確かに、Tさんの上司が懸念している傾向が、私の目からも顕著に感じられました。

そのチームでの討議が終わって、私が片付けをしているときのことです。

他の参加者がオフィスに戻り、誰もいない会議室にTさんがやって来ました。

「林さん、私さっきは言いませんでしたけど、実はいろいろ感じたり、考えたりしたことがあったんですよね」と教えてくれました。

「どうして、それをさっきの討議のときに言わなかったんですか？」と聞くと、**「討議の流れがまったく違う方向に向かっていたので、私の意見は言ってもしょうがないかなと思いました。それに、他の人たちの話を聞きたかったし……」**

私は少なく見積っても毎年200名以上のビジネスリーダーとお会いしているのですが、最近はTさんのようなタイプの方がとても増えてきたように感じます。

自分から前に出て意見を言うなんて恥ずかしいと思うのか、それとも自分の意見なんて言ってもどうせ評価されないと思うのか。

これを「謙遜」というと美しく響くかもしれませんが、残念ながらこういう人は「リーダーになれない人」です。

さらに言えば、このTさんは、「どんな意見があるか、ぜひ教えてください」という進行役である私の依頼に耳を貸さず、**自分で「自分の意見は必要ない」と勝手に判断**して、決めつけているのも隠れた問題です。

ここでいったい何が起きているのか、コミュニケーションの技術面から少し解説をしてみましょう。Tさんは一見、他人思いの優しさあふれる振る舞いをしているように見えます。しかし実際には、私の「指示」を明確に拒否しています。つまり、人の要求を受け入れることができない頑固さが根底にあるのです。

もしTさんが、私の言葉を「額面どおり」に受け取ってくだされば、**「ここは自分の意見が求められている」と理解することができる**はずなのです。それが、何らかの理由で、異なる解釈がTさんの中で起きていて、私の言葉が届かない状態になっていたと考えられます。

「自分は今、何を求められているのか」を的確に理解することは、**「リーダーになれる人」に必要な能力**だと認識してください。

コミュニケーションを阻害する「4つの毒素」

ワシントン大学の名誉教授で、人間関係に関する心理学の権威、ジョン・ゴットマン博士（1942年〜）は夫婦間でのコミュニケーションの傾向を調査し、どんなコミュニケーションを取る夫婦は関係が長続きするのか、逆に、どんなコミュニケーションを取る夫婦は関係が破綻しやすいのかを文献としてまとめたことで有名です。

夫婦、つまり2人の人間が関わる関係は、「チーム」としての最低人数です。

そのため、ゴットマン博士の研究は、チーム内のコミュニケーションの傾向とトラブル対策に応用できると私は考えています。

ゴットマン博士によると、チームの**「コミュニケーションを損ねる、あるいは悪化させる毒素になる要因」**は、大きく次の4つだと定義しています。

毒素1　「非難」

毒素2　「侮辱」
毒素3　「防御」
毒素4　「逃避（あるいは無視）」

このうち、「非難」と「侮辱」はとてもわかりやすいですよね。
「君の意見は、大間違いだ」と非難されたり、「あなたはもっとできると思ったから抜擢したのに、実力は意外とたいしたことないね」と侮辱されたら、人間関係が悪化するのは当然です。「非難」と「侮辱」は、どちらかと言うと能動的に働きかけるタイプの毒素なので、会話の中では比較的わかりやすいタイプだと言えます。

一方、少しわかりにくいのは「防御」と「逃避（あるいは無視）」の2つです。
ひとつずつ考えてみましょう。

まず「防御」について。コミュニケーションにおける「防御」って何でしょう。
たとえば習慣9で例示した「それは私の仕事ではありません」（113ページ参照）とい

う発言は防御にあたります。

周りの人と自分との間に、高い壁を立てるようなイメージが近いかもしれません。「私は無関係である」という意思表示をしているとも言えます。

日本の文化では、謙遜や遠慮を好ましいものと考える傾向があります。しかし、コミュニケーションにおける心理的安全性という観点からは、この「防御」という毒素も「非難」や「侮辱」と同等の破壊力を持っていると考えます。


少し古いお話ではありますが、新作映画の舞台挨拶でマスコミのインタビューを受けたある女優さんが、「印象に残ったシーンは?」との記者からの質問に、「別に」と素っ気なく答えたようすが物議をかもして報道されたことがありました。

これ、「防御」ですよね。

言葉自体は平易なものでしたが、表情や態度を含めると、かなり攻撃性の強い発言として受け取った人も多かったのではないでしょうか。

これは少し極端な例ですが、「防御」は意外に大きな影響力を発揮することがおわかりいただけるのではないかと思います。

最後の「逃避（あるいは無視）」。

わかりやすい例は、メールやSNSの「既読スルー」でしょう。自分からの投げかけを無視する相手と、コミュニケーションを続けるのは正直しんどいものです。

最近、私もオンラインでセミナーを開催することが増えてきました。その中で、画面はオフ、マイクはミュートで、姿形も見えず、声も聞こえない参加者の存在が増えてきました。オンラインでのこうした関わり方は「逃避」にあたります。

さらに、こうした方々はセミナーが終了して他の皆さんが退出された後も、ずっとオンライン上に残っていて退出されない……という特徴が共通しています。

つまり、何か他のことを同時にされていて、セミナーの進行をまったく追いかけていない状態なのです。

講師側からすると、こうした方々は声を何も発しなくても、存在感は大きく、そして不気味で、「ああ、無視されているな」と不安に感じたりするものです。

つまり、「逃避（あるいは無視）」も、一見静かでありながら、かなり強い攻撃性を持つのだということです。

この項目の冒頭で登場したTさんを、もう一度思い出してください。

チームの討議の場で意見を求められているのに、「私の意見なんかより、もっと大切な議題があるので、そっちをやってください」と言って、**自分の意見を言わないのは、「防御」であり「逃避（あるいは無視）」にあたる行為**です。

先ほど説明したように、この2つの毒素も強い攻撃性を持つため、チーム全体の心理的安全性を阻害してしまうのです。

それでは、私たちの会話の中から、すべての毒素を排除することはできるのでしょうか？　残念ながら、現実問題としてそれは不可能です。

なるべく毒素が表に出てこないように、関係するすべての人たちが注意しながら会話を進めることは、当然、基本的な方針なのですが、もし自分が毒素を出していることに気づいたら、一旦深呼吸をするなどして、リセットすることが大切です。

ゴットマン博士の研究では、夫婦が破綻する原因は、会話の中に毒素がたくさん出ること自体にあるのではないとされています。こうした毒素が会話の中に現れたときに、2人がどのように会話を続けていくのか、その工夫の仕方が破綻するか否かに紐づけられているというのです。

相手から「非難」をされれば「防御」し、その防御に反応してさらなる「侮辱」が起き、その結果、相手が「逃避」する……という連鎖が起きる関係性はいずれ破綻していきます。

もしあなたが、リーダーとして優れたチーム運営を目指すのであれば、**こうした毒素が自分に発生していないか**に気を配り、また、**チームの中で毒素が発生したときにどんな会話をするとより安全な会話に戻せるのか**を研究しておくことが大切です。

あなたの所属するチームでは、どんな毒素が蔓延していますか？

そして、それをどんなふうに解消することができるでしょうか？

ぜひ考えてみてください。

習慣14
自分の影響力を過小評価しない

職場の環境について

リーダーになれる人は、
自分の意見には、環境を変える力があると信じている。

リーダーになれない人は、
自分の意見では、環境を変えられないと諦めている。

自分の影響力を過小評価してしまう人

会議やミーティングのときに、「自分が意見を言ってもしょうがない」と思う人は、**自分の影響力を必要以上に過小評価**してしまっている人です。

もちろん、「社員の意見になんて、聞く耳を持たない」というブラック企業もあるでしょうが、大多数の企業は、現場の声に耳を傾けることに積極的なものです。

もしあなたが「自分の意見の影響力なんてありませんよ」と考えているなら、突然ですが「磁石」について考えてみてください。

子供のころ、理科の授業の実験で磁石を使った人もいるでしょう。S極とN極を近づけるとピタッとくっつき、逆にS極とS極をくっつけようとすると反発します。

何が言いたいかというと、磁石は「くっつこう！」という意志を持っているわけでも、「何がなんでも離れよう！」という意志を持っているわけでもないということです。

ただ単に、その物体が持つ特性によって近づいたり、離れたりという作用が起きています。つまり、存在しているだけでお互いに影響し合うのです。

そうしたイメージを持ちながら、先ほどの「自分の意見の影響力なんてありませんよ」という発言を分析してみましょう。そもそもあなたはいるだけで、周りに何らかの影響を与えているのは間違いありません。ですから、この発言は自然の摂理に逆らっていることがわかります。

あなたは特別に何かをしなくても、例えば、表情や仕草だけでも、周りにさまざまな影響を与えています。「私は何者でもない」「今日は気配を消しておこう」といった考え方をするのは、そろそろ諦めてください。

周りの人たちからは、「まるっとお見通し」状態だと思った方がおそらく賢明です。


さて、話をもう少し進めていきましょう。

「リーダーになれない人」は、「与えられた環境は変えることができない」と思い込みがちです。多少の不満があっても、声をあげることなく、「耐えるしかない」なんて思ってしまう傾向、皆さんの中にもあるのではないでしょうか。

「リーダーになれる人」は、「今の環境が心地良くないなら、自分で変える努力をして

みよう」と考えます。

自分の意見や態度が、良くも悪くも「影響力を持っている」と考えられるか否かは、こうしたところにも差として出てくるのです。

私は高校生のときにアメリカに留学したことがあります。

そこでは、**「自分からしゃべらない人は空気と同じ」**と考えるのが日常生活を送るうえでの常識でした。

日本では、それなりに英語がしゃべれると自負していた私も、留学当初は同級生の現地人の英語にまったくついていけず、気がつけばすっかり無口になっていました。

あるとき、同級生の友人から**「君は、そこに存在しているんだから、何でもいいからしゃべって意思表示をしないと、『いないのと一緒』だよ」**と言われたことがあります。

アメリカでは意見を求められたとき、「何もない」ではまったく通用しませんでした。例えば、私が日本人的な感覚で「別に」「大丈夫です」と発言しても、「意見がない人なんていないよ！　私はあなたの意見が聞きたい！」と突っ込まれてしまいます。

それは学校の授業でも同じでした。例えば日本で社会科にあたるクラスでも「最近新聞に掲載されたニュースをひとつ選んで、それに関するレポートを出す」という宿題がありました。私がニュースの概要をいくつかの新聞記事から抜粋し、まとめたものを提出すると、「このニュースに関する自分のスタンスを明らかにしなさい。そして、あなたの見解を述べなさい」と先生からフィードバックがあったのです。

さまざまな人種が集まるアメリカの学校では、自己主張することが「当たり前」なんですね。

そこには、「自分の意見なんて……」と、自分を過小評価する文化はありません。この体験は、高校生だった私にとっては新鮮で、その後の人生に良い影響を与えてくれたと思っています。

自己主張の大切さとともに、アメリカでの生活が教えてくれた、忘れてはいけないこと。それは、**自己主張はするけれど、それだけで終わるのではなく、相手の意見も尊重する**ということです。

「私はAがいいかなと思っているけど、○○さんはBがいいと思っているんだね」と、

お互いがお互いの考えを承認する文化があるのです。

この点も、とても勉強になったことです。

余談ですが、こんな体験をした私でも、日本に戻ってくると、自己主張を少し抑え気味になったように思います（それでも周りの人たちに比べれば自己主張が強い方ですが……）。

これ、留学したことがある人たちの「あるある」なのですが、英語でしゃべると再び強い自己主張が戻ってくる気がします。

本当に、「言葉は文化そのもの」なんだなと実感させられます。

少し横道にそれましたが、**「リーダーになれない人」は、自分の意見を過小評価して黙ってしまう。**

「リーダーになれる人」は、自分の意見で環境を変えられると考えて、しっかりと自分の意見を言う。

ここはリーダーになれるか否かの、大きな分岐点です。

習慣15

「皆さんはどう思いますか？」と問う

強く主張したい意見があるとき

リーダーになれる人は、

自分のスタンスを明らかにしたうえで、
周りの人たちの考えも積極的に聞く。

リーダーになれない人は、

自分の意見を押し通し、
他人の意見を聞く耳を持たない。

能動的に発言し、能動的に聞く

登龍門④ではこれまで、「自分の意見を、臆せず、はっきり言いましょう」と訴えてきました。

ここで、逆に「自分の意見を強く主張したいとき」のスタンスについて触れておきたいと思います。

ひとつ前の項目で、アメリカでは「自己主張はするけれど、それだけで終わるのではなく、相手の意見も尊重する」というお話をしました。

私は、これがまさに「リーダーになれる人」のスタンスだと思っています。

「私の意見はこうです」と、自分の意見をハッキリと伝えたあとに続けて、次のように言える人が「リーダーになれる人」です。

「皆さんはどう思いますか？」

自分の意見を主張してただ押し通すのではなく、続けてすぐに周りの意見を聞く姿勢を見せることが大切です。これが、少し古い言葉で言うと「合議制」、最近の言葉で言うと「共創型の組織運営」の入口になります。

そのため、最初に自分の意見を表明するときに、忘れてはいけないことがあります。

それは、**「主語を省略しない」**ということです。

「それについては、Aだと思います」

ではなく、

「それについては、私はAだと思います」

と言うのです。

この**「(あくまで)私の意見ですが」という前置きのひと言が、とても重要**なのです。

この前置きによって、「これは私の意見なので、もしかしたら他にも別の意見があるかもしれませんが」という多様性を担保できるのです。

英語だと"This is my take."とか、"As far as I'm concerned."などの言葉をつけます。

英語では、自分の意見を主張するときの慣用句のようになっていますが、日本でこの前置きを意識して使っている人は正直まだまだ少数派だと感じます。

ですから、まれにこれができている人を見ると、「あっ！　この人は自分の意見を主語を省略せずに伝えたあとで、周りの意見も聞く姿勢ができている」と感心します。

こんなリーダーが増えれば、日本のビジネスシーンも大きくさま変わりすると私は信じているので、こんなリーダーが増えますようにとささやかな祈りを捧げています。

会話のキャッチボールがうまくいくコツ

自分の意見を伝えたあとで、「皆さんはどう思いますか？」というひと言を入れるのは、自分と相手との「会話」と「会話」に「橋」をかけるようなものです。

この**「会話の橋」をかけないと、話がぷっつりとそこで終わってしまいます。**

私は、いわゆる昭和型のトップダウンの会社で働いてきた経験が豊富です。そんな職場では、会議の席で社長や部長などの上級管理職の方が、ワンマンショーさながらに自分の考えをノンストップでしゃべったあげく、社員にダメ出しします。そして最後に「こうしろ!」と命令する。そんな場面に嫌というほど立ち会ってきました。先ほどの「会話に橋をかける」というコンセプトのかけらもない職場の典型です。

こんな環境では、一般社員は沈黙するしかありません。

自分の意見を押しとおすだけの社長や上級管理職の姿を見ても、社員は「ウチの社長は頼もしい」「社員を引っ張ってくれている」とは決して感じません。逆に、言いたいことが言えない不満がくすぶる可能性がとても高い。

つまり、社員のエンゲージメント(会社に対する愛着心)が薄れていき、仕事に対する満足度が低下していく原因になるのです。

ですから、たとえ社長であっても、共創型の組織づくりをして、モチベーションが高いスタッフと一緒に働きたければ、自分の意見を言ったあとで、「私の考えはこうなのだけれど、私が気づいていないことや、新たな切り口のアイデアなど、どんなことでもいいので教えてほしい」というように、「会話の橋」をかけてほしいのです。

これはなにも、社長や上級管理職の方に限ったことではありません。これから課長やリーダーを目指す皆さんも、ひとつの嗜みとして身につけておいてほしいことです。「会話の橋」をかけて、周りの協力者の心を摑む練習をぜひ重ねてください。


自分の意見を言ったあとで、「皆さんはどう思いますか？」などと「会話の橋」をもしかけなかった場合、何が起きるでしょうか？

相手は自分から「つまり、それってどういうことですか？　もう少し詳しく教えてください」と疑問をはさんだり、「言いたいことはわかりましたけれど、○○という観点が抜けているように思います」と反論したりしなければなりません。

特に上下関係が決められた会社組織の場合は、下位者が上位者に向けてこうした発言をするのは、通常、高い緊張感が伴うものです。そんな負担を下位者に求めていては、チーム全体の心理的安全性はとても向上しません。こうした負担を下位者にかけないよう、リーダーの役割を担う人の心遣いがとても大切になってきます。

リーダーの側から「会話の橋」をかけていくことで、不安や緊張感が伴わない「会

話のキャッチボール」を始めることができるのです。

さて、この「会話の橋」をかけるという考え方、本書の中で「文字」として読んでいるかぎり、コンセプトとしてそんなに難しくないと感じることでしょう。

ここがコミュニケーションの不思議なところ。技術レベルとしてはたいして難しくないことでも、職場でいざ活用しようと思うと意外と難易度が高いことに気づきます。

もし仮に、あなたの職場に、「会話の橋」をかけてくれる気が利く相手がいたとしたら、それにすっかり慣れてしまい、自分から「会話の橋」をかけていないことに気づかない人もいます。

実際、プロのコーチを目指している人でも、「自分の考えを口にするだけ」であとは黙ってしまう人が意外と多いのです。

そんなとき、私が「今、会話が終ってしまっているよ。会話の橋をかけていないよ」と指摘すると、「あっ！　忘れていました」と気づきます。

しかしここでも、「あっ！　忘れていました」と、「会話の橋」をかけない言葉を返すので、またもや会話が終ってしまうのです。

ここで例えば、「あっ！　忘れていました。でも、どうして林さんはそうやってすぐに橋をかけることを考えられるのですか？」といった働きかけがもしあれば、私もそこで必要なアドバイスが提供できます。

これが「会話に橋をかける」ということです。

プロのコーチも、企業内での中間管理職、リーダー職やそれ以上の経営層も求められる技能は同じで、「人に影響を与えるコミュニケーションのプロ」でなくてはいけないと私は思っています。その練習の一環として、会議などの場で自分の意見を表明したときは、ぜひ、言葉の最後で「会話の橋」をかけることを意識してみてください。

最後にもうひとつ、注意点をお伝えします。

「会話の橋」をかけるときには、**「自分の意見」や「自分のスタンス」を、先に相手に伝えるのが鉄則**です。

これをしないで、いきなり「皆さんは、どう思いますか？」と橋をかけるのはいささか乱暴すぎると思います。「いや、いきなりどう思うかと聞かれても……」と心理的安全性が一気に下がってしまい、言われた相手は警戒して「防御」の姿勢を取ってしまうかもしれません。

「んっ？　リーダーはどんな回答を望んでいるんだろう？」
「課長は何を言わせたいんだろう？」

チームメンバーや関係者にこんなことを考えさせたり、言わせたりするのは、相手の負担を余分に増やす行為です。このような職場環境を作らないように、自分のスタンスを明らかにし、そのうえで「会話の橋」をかけることが肝心です。

「会話の橋」を使って、会話の流れをデザインする練習をしてみてください。

習慣16 上司の記憶に残る活動をする

上司が社内で誰かを抜擢しようと考えたとき

リーダーになれる人は、
上司が「あいつに任せよう」と最初に頭に浮かべる人。

リーダーになれない人は、
上司がその存在を忘れている人。

抜擢されるのは上司の「記憶に残る人」

リーダーになれない人は、自分から意見を発信することが少ないので、会社の**経営層からするとあまり記憶に残らない人**だったりします。

こう書くと身も蓋もないですね……。

例えば「来期から始める新しい社内プロジェクトに、やる気のある未経験の若手をリーダーに据《す》えたい。誰がいいかな？」といったことを、管轄する部長や人事部の担当者が考えたときに、あなたの名前がその人たちの候補者リストに載るかどうか、つまりあなたの存在を覚えてもらえているかどうかが重要なのです。

リーダーになれる人は、普段から自分の意見をハッキリと主張したり、自分の存在には影響力があると思って行動を選んだりしているので、経営層やメンバーの人選の意思決定をする人たちに、その存在がしっかり認識されている状態にあるのです。

だからこそ、**「社内から誰かを抜擢したい」と考えたとき、最初に選ぶ側の頭に浮かんでくる人**になれるのです。

実際に、ある企業の部長がこう言っているのを聞いたことがあります。

「新製品の宣伝プロジェクトや大手のクライアントとのコラボ企画のリーダーに誰かを抜擢しようと考えると、200人の社員の中から数人の顔しか浮かんでこない」

社員の目線では、人を見る目のない無能な部長だと感じるかもしれません。自分の会社の社員にもっと興味を持ってよ、といった声も聞こえてきそうです。

ただ、部長と言っても感情を持った普通の人間です。その人なりの好みや、一緒に仕事をしやすい人材かどうか、あるいは、目に留まる人・留まらない人が存在するのも事実です。そうした事情を考えると、リーダーを目指すのなら能動的に動いて、上司の記憶に残らなければチャンスは巡ってきません。

私自身の実体験を少しお話しさせてください。

これは私がかつて、香港のコーチングファーム（企業に向けてコーチや講師を派遣し、リーダーシップ開発のお手伝いをする会社）の日本支社長だったときのことです。

その会社では年に2回、日本、中国、シンガポール、タイなどの支社長が集まって

「支社長会議」が開催されていました。私が支社長に就任して初めて参加した会議は、シンガポールのホテルが会場でした。

会議はもちろん、すべて英語での進行です。

このときの私は、英語で会議の進行についていくこと自体は特段問題を感じていませんでした。

ただ、この会社に転職して数カ月というタイミングで、まだ社内でのコミュニケーションの取り方にも慣れていなければ、他の支社長との信頼関係も構築できていません。そして、会社が取り扱うサービスや商品の知識もまだまだ浅い状態でした。

そうした事情から「今回は静かにしていよう。なるべくいろんな情報を吸収しよう」というスタンスで会議に臨んでいました。

すると、香港の本店代表として参加していたある役員が、私にこう言ったのです。

「ケンタロウ、あなたはこの会社にとって大切なアセット（asset）なんだから、言いたいことがあったら、もっと言ってくれないと困るよ」

私のことをアセット……つまり、**「資産」**だと言うのです。

その役員曰《いわ》く、「せっかく日本の代表としてここに呼んでいるのだから、もっと意見を言ってほしい。私は君の意見がいつも的を射ていることを知っている。我々のチームにとって大事な意見なのだから、ぜひ、発言してほしい」と。

この体験から、私はリーダーとして覚醒しました。

「そうだ、私は日本支社の代表としてこの会議に参加していて、ただ黙っているだけでは誰にも日本の状況や計画を理解してもらえないし、協力を得ることもできない」

そんなことを、強く意識させられた出来事でした。

さらにこの役員は、参加メンバー全員にこんな提案をしてくれました。

「みんな、ちょっといいかな。ケンタロウはまだこのチームに入ったばかりで、なかなか発言できないと思うんだけど、彼がいい意見を持っていることは、我々全員が知っていることだよね。それなのに、なぜ新しい人が意見を言いやすい環境を我々は提供できないのだろうか？」

この役員の問いかけによって、「確かにそうだね、ケンタロウが意見を言えるようなコミュニケーションを意識することは大切だね」という合意が得られました。

私にとって、この役員の能動的な関わり方、そして、それがチームに強い影響力を与えたことも、大きな学びのひとつでした。

一見、些細な出来事も見逃さずに、全体最適を見据えて必要な行動を自ら起こす。そんなリーダーシップを目の当たりにして、興奮したのを今でも覚えています。

その後の会議では、私も積極的に意見を伝えるように努力し、また、他の支社長たちも私が参加しやすいように「会話の橋」をかけてくれたため、闊達な議論が行われました。

このときの役員の言葉のとおり、**「会社のために意見を言ったり、提案をしてくれたりする社員」は、会社にとっては本来、資産（あるいは宝）のような存在**です。

リーダーを目指す人ならば、**会社にとって「誰でもない」、つまり「いない」状態から、経営層の記憶に残る「アセット」にならなければならない**のです。

習慣17 「やりたいこと」が明確にある

将来のキャリアの「ビジョン」について

リーダーになれる人は、
「自分がリーダーになったらやりたいこと」を明確に持っている。

リーダーになれない人は、
「いつかリーダーになれたらいいな」と漠然と思っている。

役職をゴールだと思うか、通過点だと思うか

もう何十年も前、日本がまだバブル景気を引きずっていたころ、企業の新卒社員の若手に対して、「あなたは定年までに、どの役職まで出世できると思いますか？」というアンケートが行われていました。

もっとも多かったのは**「課長まで」**という回答です。

さて、あなたはどの役職まで出世できると思いますか？

今ならこの質問には、「役職や出世には興味がないです」という回答が返ってきそうですね。課長という役職に興味がない方でも、数名あるいは十数名のチームを率いて規模の大きい仕事に挑戦したい、リーダーシップを身につけたいと願っている人は意外と多いはずです。

そんな皆さんに向けて、この項目では**目標設定のコツ**についてお話しします。

少し大雑把な分類としてお読みいただきたいのですが、**「いつかは課長くらいにはな**

りたい」と考える人は、「課長になれない人」だとまず断言させてください。

これ、例えば「将来はお金持ちになりたい」と思っている人と発想はたいして変わりません。ちょっと意地悪く言うなら「お金持ちになりたかった」と言い残して人生が終わってしまうパターンかもしれません（気に障ったとしたら本当にごめんなさい。もう少し読み進めてくださると、私の本意がおわかりいただけると信じます）。

では、課長になれる人は、どう考えているのでしょうか？

「課長になったら、〇〇をしたい」

と、「なったあとにやりたいこと」を具体的に思い描いているのです。

課長になることがゴールではなく、課長になるのはあくまで「通過点」、なったあとのビジョンをすでに持っているのですね。

登山にたとえるなら「いつかは富士山に登りたい」と言っている人と、「〇年後にはヒマラヤに登頂したいので、練習として富士山に登りたい」と言っている人の違いかもしれません。同じ「富士山に登りたい」という言葉でも、富士山の意味するところがかたや**「最終目標」**で、かたや**「通過点」**と大きく異なっているのです。

私の知人と同じ会社に勤めていた、知人と同期の社員は、新卒として入社してからわずか3年目に、社内の「新規事業のアイデア募集」に応募します。提出したアイデアが会社に認められて、会社の経費で海外視察に赴きます。やがて会社に資本金の半分を出資してもらい、渋谷に構えた店舗の店長に就任したのです。

私の知人は、その同僚のことを「私と同い年でまだ入社3年目なのに、会社に新規事業のアイデアを出して、自ら店長になるなんてスゴイ！」としきりに感心していました。ところがそれから数年後、さらに驚くべきことが起きました。

その同僚、店舗の黒字展開に成功すると、会社を辞めて、資本的にも完全に元の会社から独立してしまったのです。

その後、知人がその元同僚の店舗を訪ねたときに話を聞くと「新規事業のアイデアを会社に出したときから、いつかは会社から独立しようと思っていた」と言うではありませんか。

そう、彼は新卒で入社したときから、将来の起業に必要なノウハウを学ぶつもりで働いていたのです。つまり、**就職も、新規事業募集への応募も、店長就任も、すべて起業に向けた通過点だった**ということ。

これが「リーダーになれる人」の発想です。

もし、その同僚が「いつかは会社から独立して起業したい」と漠然と考えるだけだったら、もしかしたら定年まで……いや、リストラされるまで会社にしがみついていたかもしれません。

最初から明確なビジョンがあったから、その実現に向けた行動が伴ったのですね。

もちろん、その彼にとっては会社からの独立起業は通過点どころか、スタート地点だったことでしょう。その証拠に、彼の店舗はその後もずっと営業を続けていて、開業してからすでに20年以上が経っているのです。

あなたは課長やリーダーになるというキャリアの通過点を超えて、**どんなキャリアライフを送ってみたいですか?**

少し遠い将来のことをイメージできると、リーダーとしてやるべきことや、リーダーになったときにトライしたいことがより明確になります。少し考えてみてください。
ちなみに、これはコーチングの基本的な考え方のひとつである、**「未来志向」**を応用した思考のフレームワークです。

この登龍門④では、「リーダーになれる人は、自分の意見をハッキリ伝える」というお話をしてきました。

自分の意見を周りに伝えて、会社にとってのアセット（資産）となることが、リーダーへの道につながることが伝わりましたでしょうか。

続く登龍門⑤では、リーダーにとって欠かすことができない、**「自分と相手の感情」**を分析できる力についてお話をしていきます。

WH↕CH?

リーダーへの登龍門⑤

「自分と相手の感情」を分析できる

習慣18

自分の機嫌を自分でとる

会社が自分の仕事を評価してくれないとき

リーダーになれる人は、

自分のマイナスの感情も客観視して、感情の軌道修正ができる。

リーダーになれない人は、

マイナスの感情をずっと引きずり、感情のコントロールができない。

リーダーになれる人は、感情をコントロールできる

「人間は感情の動物」と言われます。

感情抜きには、生身の人間関係は語れません。

リーダーになって「チームで仕事を進める」ためには、この「感情」について理解を深めておくことが大切です。登龍門⑤では、「自分」と「チーム」の「感情」に注目していきます。

まずは、**「自分の感情」**の話から始めましょう。

私のお客様に、大手化粧品メーカーで販売促進の仕事をされている方がいます。

その方とのコーチングセッションで最後に少し時間が余ったため、雑談の延長として会社や組織のことを伺っていたとき、こんなお話をしてくださいました。

「昨年度、テレビやネットのCMなど、できるかぎりの販促策を駆使してヒット商品に育てて、売上を大幅アップさせたんですよ。それでこの前、役員会でそのことを報

告したら、役員たちは何て言ったと思います？

『それじゃ、今度の新商品の○○も、この調子でドーンと頼むよ』って……。

いやいや、市場はそんなに甘くないんですよ。ひとつのヒット商品の波を起こすことがどれだけたいへんか、まったくわかっていない。売上増大の功績をたいして認めてくれるわけでもなく、『もっと売れ』と言われて売上目標の金額が上がるだけ。ホント、腹が立ちます」


これは社内の経営層と現場のリーダー層との間で繰り広げられる会話として、比較的よくあるパターンかもしれませんね。会社の役員たちと現場の第一線で働く人たちとの認識のギャップが顕著です。

「一生懸命やっても認めてもらえない」とイライラする気持ち、私には何となくわかる気がします。


この方は販売促進の担当で、役員に報告をしたときに不満を感じたわけですが、この「評価してもらえないことによる不満」は部長と課長、課長と係長、係長と一般社員との間でもよく起きていることです。

役員たちがこの方の感情をもっとしっかり受け取ってくれたら、この方のモチベーションもさらに上がったかもしれません。

しかし、このような姿勢ではいつまでも相手任せで、「他責」の傾向が残ってしまうことは否定できません。

ここで問いたいのは、この方自らが自分のそんなネガティブな感情に気づいて、それを修正することができないかということです。

そこでこの項目では、**感情をコントロールするための工夫や考え方**について紹介していきます。

演習3　「カスタマー・ジャーニー・マップ」を作ってみよう

自分の感情をポジティブな状態に向けるのに、役立つ手法があります。「カスタマー・ジャーニー・マップ」というツールがとても有効です。

このツールも、デザインシンキングの手法の中で活用されるものです。

「カスタマー」という言葉がついていることからもわかるように、もともとは顧客が商品について検討し、購入に至るまでの行動に紐づいた心の動きを、ステップごとに細分化して、可視化したもののことです。

拙著『できる上司は会話が9割』（三笠書房）では、上司が部下の心の動きを把握する手法として紹介しました。ここでは**自分の心の動きを可視化して、冷静に分析するためのツールとして活用していきましょう。**

では、先の販売促進担当者のような立場の方を例に、「カスタマー・ジャーニー・マップ」を作ってみましょう。

「カスタマー・ジャーニー・マップ」の作り方

手順1　自分が不満に思った事柄を中心に、その前後の行動を時系列でステップに分けて書き出す。

次のように、より細かいステップに分けて何が起きたかを時系列で書いていきます。

ステップ1　ヒット商品の成功による売上アップを報告する。
ステップ2　「次の新商品もよろしく頼むよ」と言われる。
ステップ3　新商品の売上目標を設定して報告する。
ステップ4　「目標が弱気すぎる」と言われる。
ステップ5　「なかなかこれ以上の売上目標は厳しい」と訴える。
ステップ6　「販促策を再検討してほしい」と言われる。
ステップ7　「市場の現実を見てほしい」と訴える。
ステップ8　「とりあえず、数字を出してくれ」と言われる。

ステップ9　仕方ないので、新しい売上目標を提出する。

手順2　各ステップで「自分がどんな感情（ポジティブかネガティブか）を持ったか？」を、書き足す。

感情は具体的な表現ができなくても、プラスの感情だったのか、プラスマイナスゼロだったのか、マイナスだったのかといった大雑把な切り分けでも大丈夫です。

そして、各ステップに対して感じていた感情がプラス、プラスマイナスゼロ、マイナスだったのか、という点を線で結ぶと感情の折れ線グラフが完成します。

ここまで作成できましたでしょうか？

この図を見ると、最初はプラスの感情だったものが、プラスマイナスゼロの感情になって、さらにそれが**どのタイミングで不満や怒りなどのマイナスの感情に切り替わったか**など、自分の「感情の変化」がひと目でわかるようになります。

これを「**感情曲線**」と呼びますので、この言葉を覚えておいてください。

カスタマー・ジャーニー・マップ

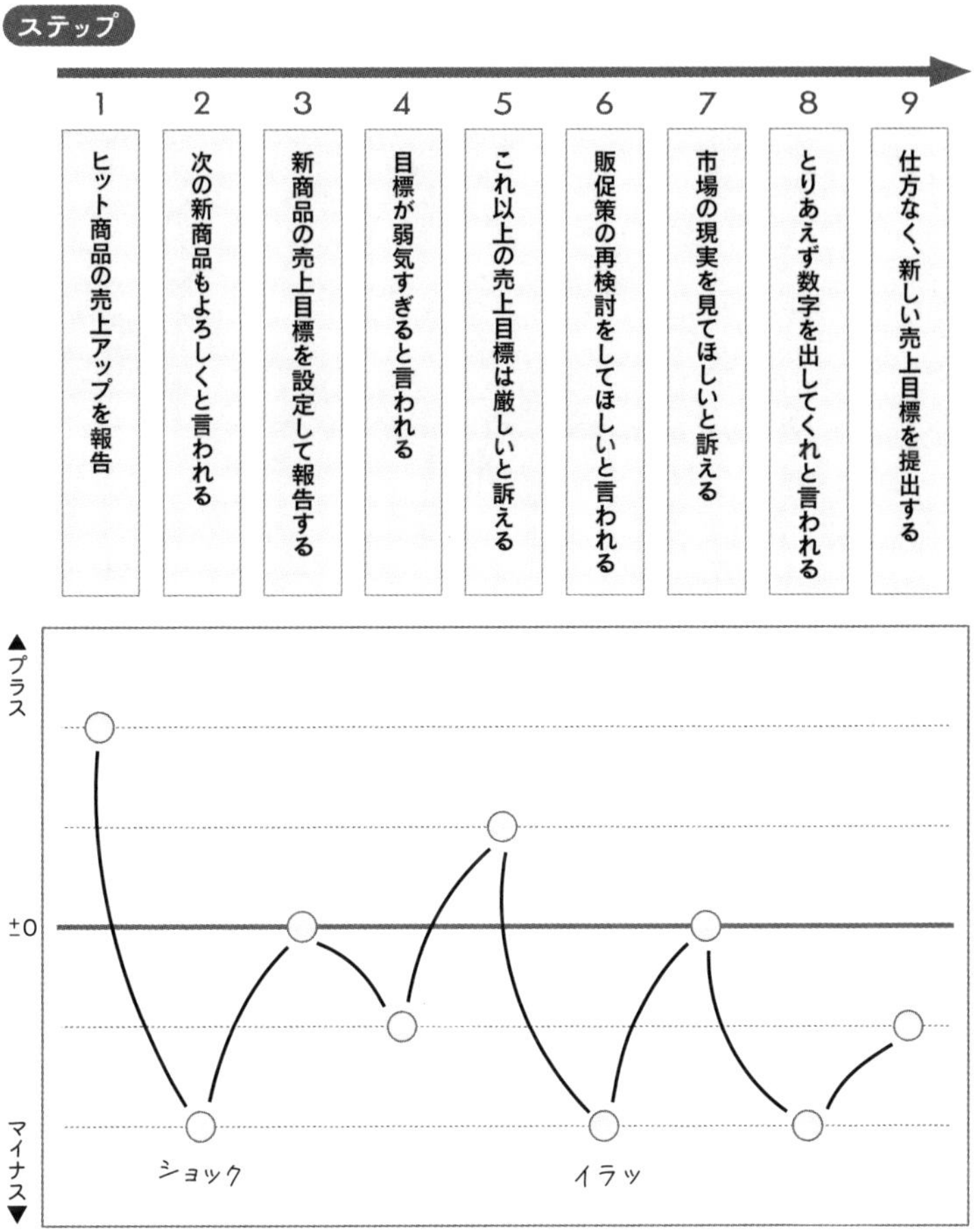
ステップ
1
ヒット商品の売上アップを報告
2
次の新商品もよろしくと言われる
3
新商品の売上目標を設定して報告する
4
目標が弱気すぎると言われる
5
これ以上の売上目標は厳しいと訴える
6
販促策の再検討をしてほしいと言われる
7
市場の現実を見てほしいと訴える
8
とりあえず数字を出してくれと言われる
9
仕方なく、新しい売上目標を提出する
▲プラス
±0
マイナス▼
ショック
イラッ

この感情曲線があると、「ああ、そうか。**自分はこのタイミングで感情がマイナスに振れたんだ**」とひと目でわかります。

不思議なもので、「カスタマー・ジャーニー・マップ」によって感情が可視化されたものを眺めていると、「なるほど、ここで怒ったのか」と、**自分の感情の変化をまるで他人事のように冷めた目で見られるようになる**のです。

これが、自分の感情を客観的に観察するスキルです。感情曲線は、そのスキルを身につけるための準備の役割を果たします。

さて、ここまでの準備ができたら、次にやっていただきたいことがあります。

それは感情曲線の中で、**マイナスに振れている要因（ステップ）を特定すること**です。どんな「行動」や「出来事」が、自分のマイナス感情と「紐づいている」のかを理解しておくことは、とても大切なことなのです。

例えば、自分は、ステップ6で役員から「販促策を再検討してほしい」と言われたときにイラッとして、「わかってもらえていない」と感じた。ステップ7で、「市場の現実を見てほしい」と役員に訴えたときに感じたそこはかとない孤独感や虚しさ……。

そうしたことが可視化できたとします。

そこであなた自身に問いかけてほしいのは、**「どのようにすれば、この要因をポジティブに捉えることができるだろうか？」**ということです。

言い換えると、**「ここで感じたネガティブな感情を、どうすればポジティブに変換していけるだろうか？」**ということです。

起きた事実は変えられません。他人の振る舞いを変えることもできません。

しかし、**自分がどうそれを解釈するのか、「事実の受け止め方」は工夫次第で変えられます。**

感情曲線を冷静に見つめ直すと、自分の感情の変化に気づきます。

そして、あるステップにおいて**「別の選択肢」があったのではないか**と振り返ることは、自分の感情をポジティブに保つのに大きな貢献をしてくれます。

面倒くさがらずに、自分の感情を見つめる練習を続けてみてください。

ここまでがデザインシンキングの手法を応用して私が独自に開発した、**感情を可視化するための「カスタマー・ジャーニー・マップ」の活用法**です。

仕事で納得できないことがあったとき、ついついイラッとしてしまう事柄があるという方も、自己分析のツールとしてぜひ活用してみてください。

リーダーになれる人は、「メタ認知スキル」が高い

私の分析では、そもそも「リーダーになれる人」は、自分の感情を客観視することに対してとても意識が高い傾向があります。

例えば、チームメンバーが犯したミスのために、自分が残業して事後処理をしなくてはならなくなった場合を考えてみましょう。

心の中では「うわっ！　マジ信じられないよ、こいつ」と怒りに満ちた感情が湧き起こったとしても、それをそのまま相手に向けて伝えることはありません。冷静さを保ちつつ感情曲線を頭の中で描きながら、

「少しだけ、私の感情を伝えてもいいかな。今、このことについて私が残業しなくてはいけなくなったこと、正直うれしくないなと感じているんだ」

と、一歩引いた表現で自分の感情について語ることができるのです。

えっ？　違いがわからない……。

という方もいらっしゃるかもしれませんね。

前者（心の中）は感情に任せて相手を攻撃する、いわゆる「非難」にあたります。

後者は**毒素をなるべく排除して、自分という主語を明示しながら自分が感じた感情を冷静に伝えている点**に大きな違いがあるのです。

この、一歩引いて自分を客観視できる目線のことを、専門用語では**「メタ認知スキル」**と呼びます。より俯瞰的な視点から、物事を客観的に見つめるスキルと言ってもいいかもしれません。これを鳥の目線に見立てて、「バードビュー」と呼ぶ人もいます。できるリーダーはこのバードビューの精度が高く、判断のスピードも速いのです。

リーダーになれる人は、「メタ認知スキル」が高い。

リーダーになれる人は、「自分の感情をコントロールすること」に意識が向く。

そして、**「自分の感情を自分でコントロールできる人」**なのです。

こういう人は、自分の感情を必要に応じて、能動的にポジティブに切り替えることができます。その切り替えは、**周りから見ても朗らかなので「一緒に仕事をしたい」と思わせる振る舞いができたりします。**結果的に、チームメンバーとの関係性も良好になるため、エンゲージメント（会社への愛着心）が上がるという好循環が起きるのです。

リーダーになりたいと願う人は、自分の感情の機微を客観視して、なるべく**ポジティブな状態を作る練習をする**ことを心がけてみてください。

私はリーダーにコーチングをする際、なるべく頻繁に「今、何を感じていますか？」と問うようにしています。その理由は、前に説明した感情曲線を把握することを大切にしているからです。

するとと多くのリーダーはこんな反応をしたりします。

「えっ？　あっ、わからないです」

突然「感情」について聞かれても、何も思い当たらないようです。

「自分の感情ですよ。うれしいとか、悲しいとか、怒っているとか、何かありませんか？」

「いや、わからないです……というか、特にないです」


感情曲線を自分で描くという練習をしていないと、自分の感情をその瞬間に理解できないものです。自分の感情曲線がどこでネガティブに向かうのかがわからなければ、適切な対処もできません。

感情を聞かれたときに「そうですね、どちらかと言えばポジティブですね」といったレベルで答えられるように、感情曲線を描く練習を積むことをお勧めします。

習慣19
会話の「シナリオ」を作ってから話す

仕事で相手と会話するとき

リーダーになれる人は、

目指すゴールから逆算して、
「何を言うか」を考えてから口に出す。

リーダーになれない人は、

思ったことを無計画に、
すぐに口に出してしまう。

不用意な発言が職場に悪影響を与える

思ったことをすぐに口に出してしまう人、あなたの周りにはいませんか？
例えば、会社の方針説明会があったとして、終わった直後のランチの席で「あんな売上目標なんて無理に決まっているじゃないか！　会社はいったい何を考えているんだ」なんて言う人です。

これが一般社員同士の会話なら、たまにはストレス発散としていいかもしれません。しかし、この発言をしているのが例えば課長で、一緒にランチをしているのが部下の方々だったとしたら、これは不適切な会話と言わざるを得ません。

「ちょっと待った！　そんなこと言ってしまっていいの？」という状況です。
自分の上司がそんなことを言っていたら、部下としてはモチベーションダウンもいいところですよね。

このように「思ったこと」を不用意に発言する人は、リーダーになれない人……というよりも、リーダーになったら周囲に悪影響を及ぼしてしまう人です。

リーダーになりたてで、まだ一般社員だったころの感覚が忘れられない人が陥りやすい、典型的な失敗パターンだったりします。

一方、リーダーになれる人は、**「自分の発言によって、聞いている相手がどういう状態になればハッピーか？」「聞いている相手にどう思ってほしいか？」**などを逆算して、**会話のシナリオを考えてから発言**します。

つまり、受け取る側の感情から発言を考えることができるのです。

もし、会社の方針説明会でかなり厳しい売上目標が示されたとしても、こんなふうに考えます。

「部下たちがどういう気持ちになるのが望ましいか？」

↓

「そんな売上目標は無理に決まっている」（と受け取るに違いない）

↓

「高い目標をクリアするという経験を仲間と一緒に楽しむ」（という思考にみんなが向かうにはどうすればいいか）

こんな形で、あなた自身の脳内で会話（セルフコーチング）をしながら、どんな形で言葉を伝えるのがいいのか、策を練っていくわけです。

例えばこんな言葉を伝えてみるのはどうでしょう。

「売上目標自体は非現実的なのはみんなわかっていることだよね。会社が決めたことだから、それに向かってがんばることは必要なんだけど、例えばこれを、みんな一人ひとりの個人競技ではなく、チームのミッションだと考えて、お互いにどんな協力をすれば、より目標達成に近づくのかを考えてみるのはどうだろう？

せっかくの機会だから、チームワークよく仕事をするというテーマで動いてみるのはどうかな？」

いかがですか？

ふむ。ここでも、きっと「違いがわからない」という声をあげてくださっている読者の方がいらっしゃるかもしれませんね。

例えば、あなたが感情に任せて、

「こんな売上、達成できるわけがない！　会社は何を考えているんだ！　でも、会社が言っていることだから、みんなも売上が上がるように何とかがんばってくれよな」

と伝えたとすれば、受け取る側にはきっとマイナスの影響が働くでしょう。

相手がポジティブに受け取るか、ネガティブに捉えるか、常に対比を考えながら発言を選ぶことができるのが、リーダーになれる人です。

ここでも、**チームを率いるリーダーが自分の感情曲線をしっかり捉え、自分の感情をなるべくポジティブな方向に向けながら発言する内容を吟味しています。**

優れたリーダーは、自然にそういうことをやっているものです。

事実、知り合いの「できるリーダー」たちに、「何を伝えるかをあらかじめ考えてから、部下に言葉を発信していますか?」と聞くと、全員が口をそろえてこう答えてくれました。

「林さん、そんなこと、当たり前じゃないですか」

部下や一緒に働くメンバーに**「感じてほしいこと」**や**「考えてほしいこと」**は、会社の業務の流れの中である程度決まっているものでしょう。それなので「チームの長がそちらの方向に向かうように、水を向けるのは当然のこと」というのが、できるリーダーたちに共通する認識でした。

できるリーダーにとっては、**「ゴールを目指して、会話の仮説を立ててから話す」**ことは、当然のことなのです。

リーダーにとって、メンバーの心をがっちり摑む「人心掌握《しょうあく》」は大切な要素です。その人心掌握のためには**相手の感情を先回りして想定し、相手がほしいと思う言葉を投げかけられることが大切**なのは言うまでもありません。

何を伝えると相手はよろこぶのか？を考える

リーダーになれる人の、「相手の感情から逆算した会話」の例を紹介しましょう。

例えば、ある仕事を部下に引き受けてもらいたいが、その仕事について部下があまり乗り気ではないときに、どんな言葉をかけると効果的かを考えてみましょう。

目指すゴールは、部下からこんな言葉を引き出すことです。

「正直、あまり気は進みませんが、○○課長から言われたら断れないです。わかりました。お引き受けします」

一見するとネガティブな言葉のようですが、リーダーに対する信頼の深さもわかるし、実際にお願いした業務が遂行されるという意味でも、成功パターンと言えます。

会社での仕事で、やる気100パーセントで取り組む仕事なんてほとんどないのが実情です。ですので、部下からの言葉として「よろこんでやらせていただきます！」を求めるよりも「仕方ないけど、やりますね」を目指すのが現実的だったりします。

では、具体的に、どんな言葉をかければよいのでしょうか？

例えば、こんな言い回しはどうでしょう。


「君が持っている○○という能力を生かせる仕事があるんだけど、興味あるかな？」

「前に君が『こんな仕事をやってみたい』と言っていた仕事とは少し違うと思うかもしれないけれど、この仕事を経験することで、やってみたいと思っている仕事に役立つ○○を学べると思うんだ」

「今後のキャリアを考えたら、すごくプラスになる仕事だからやってみないか？」


いかがですか？

リーダーになれる人は、このように**求めているゴールから逆算した会話を組み立てるのがうまい**のです。

デザインシンキングでは、**「サービスデザイン・シナリオ」**というツールを使います。

このツールは、新しい製品やサービスを設計するときに、どんなセリフでお客様にその製品やサービスの内容を説明し、それに対してお客様がどんな反応をするか、その反応に対してどんな行動を取れば売れるのか、一連の「会話の設計図」を作るというものです。

もう少し簡単には、お客様とサービス提供者の間で交わされる、**「会話の脚本」**を作るのがサービスデザイン・シナリオと言えるでしょう。

私の持論は、**「優れたリーダーは優れた脚本家である」**というものです。

数多くのリーダーとお会いしてお話をしてきた経験から、優れたリーダーは対話をバーチャルに再現したり、予測したりする能力が極めて高いと私は感じています。

例えば、とある経営者の方とのコーチングの中で、ひとつの事業を任せている事業部長のパワハラ問題が話題にあがりました。そのときの経営者の方の思考を再現すると……。

「君は最近、パワハラしているようだね」と事業部長に伝えたとすると、直球すぎて相手はきっと言い訳をするだろう……。

とご自身で事前に分析されていました。

ならば、「最近どう？　もうすぐ準備してくれていた商品が発売になるね。たいへんな時期だと思うけど、何か私にできることあるかな？」と水を向けたら、きっと困りごとを話してくれるはず。それを糸口にして、パワハラの話ができるんじゃないかと思うんですよね……と、さらなる仮説を立てていくところまで自力で進んでくれました。


できるリーダーは意識する・しないに関わらず、「何を伝えると、相手はよろこぶのか、どういう会話のデザインをすれば、相手も自分もハッピーな結末を迎えられるのか」という脚本をあらかじめ描いているのです。

それこそが、サービスデザイン・シナリオを意識して会話をするということです。


ここで、大切なことは**個別化**です。

すべての部下に「効く」、特効薬的な言葉などありません。**部下のタイプやそのときの状況によって、有効な言葉は変わる**ということも覚えておいてください。

ここで言う「タイプ」とは、その人の持つ価値観の違いです。

チャレンジすることに価値を見出している人なら「この仕事は君にしかできないと思う」と言えばやる気に火がつくでしょう。

一方で「人間的なつながり」に価値を見出している人なら、「新しい部門のみんなは、君がこの仕事を受けてくれることを待っていて、楽しみにしているんだ」と言えば響くかもしれません。

演習4 「サービスデザイン・シナリオ」を書いてみよう

ここで、あなたの周りにいる具体的な誰かを想定して、サービスデザイン・シナリオを書いてみましょう。


例えば、一緒に仕事をしている同僚のあの人。

何度言っても、提出書類に誤字脱字や数字の間違いがあります。

その人に、「書類を見直してもらうため」のサービスデザイン・シナリオを考えてみましょう。

ゴールは、「その人が自分から、書類の見直しをするようになること」です。


まず自分が何と声をかけるか？

それに対して相手は何と答えるか？

その回答に対して自分は何と返すか？

そんなやり取りを想像して、**自分と相手の会話をシナリオ化**してみてください。

会話をデザインする際は、相手の考え方や性格などを考慮して、**どんなアプローチをすれば響くか**を想像してくださいね。


この演習に答え合わせがあるとしたら、それは自分が作ったサービスデザイン・シナリオを実際に、対象となる人との会話で再現してみることです。

うまくいけば、そのシナリオは完成度が高かったということ。逆にイマイチなら、次回また別のシナリオを準備してトライしよう、ということです。


こうした練習を重ねることで、シナリオ作りの精度が徐々に上がっていきます。

一発で仕留めようとせず、少しずつスキルを向上させていってください。

感情を見誤り、大切な後継者候補を失った話

登龍門⑤では、リーダーになれる人は、「自分の感情を客観的に分析することができる」「相手の感情を考えた会話ができる」というお話をしてきました。

ここで、「相手の感情を知ることが、いかに難しいか」というひとつの例をご紹介して、この登龍門⑤を終えたいと思います。

それはある中小企業の社長が体験した話です。

その会社には、とても有能なチームメンバーがひとりいました。ここでは仮にMさんと呼びます。

そのMさんは勤務態度も良好で、任せた仕事もしっかりできる。何よりもその会社の仕事が好きで、やりがいを持って働いてくれていました。社長はそんなMさんを右腕のように頼りにして、早くも「将来は幹部に」と考えていたそうです。

ところが、ある日のこと。突然、Mさんから「相談したいことがある」と声がかか

り、面談をすることになりました。

話を聞いた社長は仰天しました。

なんと「会社を辞めたい」と言うではありませんか！

普段の充実した仕事ぶりからは、まったく想像していなかった事態。社長にしたら、まさに青天の霹靂《へきれき》です。

そのときの社長とMさんの会話です。


「急に辞めたいって、何か会社に不満でもあるの？」

「いえ、まったくありません」

「それじゃ、どうして？　どうしても辞めたいというのなら仕方がないけれど、理由を教えてくれないかな」

「あの……、私、この会社が好きすぎるんです」

「えっ？　どういうこと？　好きなら問題ないよね？」

「いえ、この会社が好きすぎて、私、このままこの会社でやっていくとダメになってしまうと思うんです。だからちょっと、他で仕事をしなきゃいけないと思って……」

話を聞いた社長は、内心、大混乱だったそうです。

社長からこの話を聞いたときは、私も「最近の働き手の考え方の多様化はここまで進んだか」と正直驚きました。

「この会社が好きすぎて、このままではダメになる」って、なんだか複雑な恋愛関係のようです。もしかしたら、「将来、達成したい夢や目標があって、このまま今の会社にいたら、好きすぎて辞められなくなってしまうから、辞められるうちに辞めたい」ということなのでしょうか。

いずれにしても、Mさんの「感情」を把握しきれていなかった社長は、有能な「右腕」で将来の幹部候補を失ってしまったわけです。

もし、普段からもう少し「**業務以外の会話**」があれば、Mさんがこんな発言をしたときに、ある程度Mさんの感情や思考を理解できたのかもしれません。もしかしたら、離職を防ぐこともできたかもしれなかったのに……そう悔やんでも後の祭りです。

本書のプロローグで、リーダーになる人にとって、重要なキーワードは「フォロワーシップ」であるとお伝えしました（31ページ参照）。

「フォロワー」とは、リーダーとなったあなたの仕事を能動的に支えてくれる人のことでしたね。

この事例の社長は、まさに大切なフォロワーを失ってしまったのです。


周りの人がどんな仕事をし、何を考えているか。


リーダーになれる人は、普段からそれを気にかけています。

それを気にかけることで、自分の仕事に相手をうまく巻き込んでいるのです。

続く登龍門⑥では、リーダーになれる人の「人を巻き込む力」についてお話をしたいと思います。

WHICH?

リーダーへの登龍門⑥

「人を巻き込む力」があるか

習慣20　苦手なことは人に任せる

自分が不得意な仕事をやることになったとき

リーダーになれる人は、

人に頼るのが上手で、
不得意な部分は人に任せる。

リーダーになれない人は、

なんとか自分だけでやろうとする。

「自分でなんとかできる」にしがみつくと悲劇が生まれる

リーダーに抜擢される人材は、一般的に社内でも中堅社員にあたり、自分が担当する仕事に関して高い質とスピード感を持って遂行できる人です。

そして、このようなレベル感で仕事のできる、いわゆる「できる仕事人」には実は、ひとつの傾向があります。それは、**自分だけで仕事を完結しようとする**ことです。

わかりやすい言葉をあげるとすれば、**「自分でやった方が早い」**というセリフ。こういうセリフを「できる仕事人」は使いがちだったりします。

自分の仕事のことだけを考えると、確かに「誰かに説明して」「足りないところを教えて」「進捗を管理して」、という手間やそれにかかる「余計な時間」を取るぐらいなら、自分でやってしまった方が明らかに早い、と言えるでしょう。

しかし、これではいつまでたっても忙しく働くのはあなただけで、他のチームメンバーの手が空いている状況が続きます。

これを言いかえれば、チームの中で**「権限移譲」**がまったく行われていないということです。

リーダーという仕事の特性は、あなたが「できる仕事人」になることではなく、あなたが**「『できる仕事人』に仕事をしてもらうための管理者」**になることです。

サッカーチームの監督を思い描いてください。監督は試合中、もちろんプレーはしませんよね。監督の仕事は、さまざまなポジションの選手たちが各自の仕事を全うできるように采配をふるい、選手が能力を最大限発揮できるように見守ることです。

あなたの「『できる仕事人』でありたい」という欲求は少し脇に置いて、そんなサッカー監督のイメージを持ってください。

チームメンバーが仕事をしやすい環境を提供できるように「権限移譲していく」ことについて、考えていきましょう。

ここでは、私が関わった、とある企業での出来事を通じて権限移譲の難しさについて疑似体験してみてください。

この出来事は、私の知人が社長をしているイベント企画会社で起きたことです。

新規事業室で働く中堅社員のNさんは、丁寧な仕事ぶりや誰とでもすぐ仲良くなれるコミュニケーション能力の高さから、「できる仕事人」としての定評がありました。あるとき、そのNさんから社長に「ぜひ、やってみたいイベントがあるのですが、私にやらせてもらえませんか」という提案がありました。

Nさんから、それまでにこんな積極的な提案を受けたことはありませんでした。それをよろこんだ社長は二つ返事で「うん、それやってみよう！」と承認し、そのイベントの企画運営を任せてみることにしました。

それから数週間が経って、イベントの集客が始まったころのお話です。

Nさんは、これまで裏方としてイベント運営をサポートしてきた経験はあるものの、自分が企画して、集客の段階から関わるのは今回が初めてのことでした。そのため、社長はその進捗が少し心配になり始め、Nさんに声をかけました。

「イベントの開催予定日は○月○日だったよね。集客の予定ってどんなふうに考えているの？　例えば、いつまでに何人集客するとか、そんな計画は立ててる？」

「はい。少なくとも今月中に20人は集めたいと思います」

「そうなんだね。まだ開催まで日数もあるから、Nさんの集客の経験を増やすという意味で、最初は自分の力だけで集客してみてくれるかな」

「わかりました、やってみます」

「状況は逐一、報告してね。あと、何か問題が出てきたらいつでも相談に乗るから」

「はい。がんばります」


そんな会話があってから、社長は都度、Nさんに「例のイベント、大丈夫？」と声をかけます。そのたびに、Nさんからは「はい、大丈夫です」と返事があるものの、イベントの集客サイトを見ると、申し込みが1件も入っていません。

そのたびに、Nさんに「本当に大丈夫？」と声をかけるのですが、返答はいつでも決まって「はい、地道に声をかけています」の一点張り。

それから2週間が経っても、集客はゼロのままです。たまりかねた社長は、Nさんに聞きました。

「開催まであと1カ月だけど、まだ誰も参加者がいないよね？　どういう状況なのかな？」

「大丈夫です。自分でなんとかしますから」

「どうやって集客してるの？」

「何人かに声をかけているんですが、なかなか参加してくれなくて」

「何人かって、何人？」

「えーと、10人くらいです」

「ちょっと待って！　20人集めたいんだよね。成約率がもし仮に100パーセントだったとしても、最低20人には声をかけないと集まらないよね？」

「まぁ、そうなんですが……いろいろあって、声がかけられないんです」

「集客用のリストはある？」

「ないです」

「まずは、集客リストを作ってみたら」

「はぁ……」

そんなやりとりに、社長は大きな不安を感じたそうです。

これはひとつの事例ですが、読者の皆さんも、Nさんの立場から、あるいは社長の立場から、似たような経験をされたことがあるのではないでしょうか？

このときのNさんの心境を推し量るなら、

「自分で提案したことだから、自分が責任を取らなきゃいけない」
「新しい挑戦だから、できるところまで自分でやりたい」

と考えていたのではないでしょうか。

そういった、いわゆる「責任感」や「やりきろうとする姿勢」は「仕事人」としては評価されることかもしれません。しかし、いわゆる「リーダー」としてひとつのプロジェクトを取り仕切ろうとした場合、これでは通用しません。

おそらくNさんは、「自分ひとりでなんとかできるはず」と甘い見通しを立てていたのです。実際にやり始めてみて、計画どおりに進まなくなったときも「自分ががんばればなんとか挽回できるはず」と、ここでも同じく見通しの甘さを露呈しています。

別の角度から言うと、Nさんは周りの人をまったく巻き込めていないのです。**ひと**

りで黙々と仕事をする以外にも、やるべきことがあるということが理解できるかどうか。ここが、リーダーになれる人となれない人の分かれ道のひとつです。

最終的に社長とNさんとが相談し、Nさんの同僚で集客の経験がある人にサポートに入ってもらう形でチーム編成を行いました。

その結果、目標としていた20人を超える集客に成功したそうです。

私たちは、社会人デビューをすると、直属の上司やメンター役の先輩などから「与えられた仕事をきちんとこなす」ことこそが「良い仕事」だとたいてい教わります。そして、社会人デビューから3～4年の間、この「良い仕事」ができるのを目指して働き、その過程でスキルアップしていきます。

こうした働き方を実践する時間が長くなればなるほど、その仕事のしかたにすっかり慣れてしまいます。

するとNさんのように、自分の責任をより強く感じてしまって、周りに「手伝ってほしい」「助けてほしい」というリクエストを出せなくなってしまう。

リーダーはチーム全体で仕事を進めていくことを前提にした**チームの長**です。

その大切な役割は「自分が仕事をする」ことではなく、「チームと一緒に仕事をする」ということ。そこに向かうための「意識改革」が必要なのです。

「自分の弱み」を見せると、周囲から愛される

リーダーになれる人は、**人を巻き込んで、協力を得るのがうまい**人です。表現を変えれば、**人に頼るのがうまい**。そして、**人に任せるのがうまい**人です。周りの協力を得られる人の特徴のひとつが、**「自分の弱みを見せることができる」**ということ。

これは10年ほど前の話ですが、私の知人である会計事務所の所長からこんな話を聞きました。

「実は私、会計業務しかできないんですよね……。それ以外のことは本当にできなくて……。例えば、会社の入口のドアの鍵をかけないで出かけちゃったり、窓を閉めず

に帰っちゃったりするんですよ」

そして、こう続けます。

「でもね、一緒に働いてくれているスタッフが本当に優秀なんですよ！　私がそんな感じだと知っていて、窓も閉めてくれるし、ドアに鍵をかけずに帰っても、あとで確認して閉めてくれたりするんですよ！　すごいでしょ、ウチのスタッフのみんな」

当時の私は「こんな頼りない経営者がいていいのか！　窓ぐらい自分で閉めようよ！」と内心思っていました。しかし今思えば、この方は弱みを見せることで、所員に「所長はしょうがないなぁ。会計業務をやらせたらピカイチなんだけど、他のことはまったくできないんだよ！　所長が会計業務に専念できるように、私たちが支えなくちゃ」と思わせていたのだと気づきました。

そう、何もすべてを完璧にこなすのが良い仕事とは言い切れないのです。

この事例は、所員の方々が結果的に「所長を支えたい」というモチベーションを高めているという、ある意味で不思議なケースでした。**周りに、あえて「自分の弱み」を見せることで、「この人のためにやってあげよう」「この人のことを放っておけない」**

と思わせることができる人が、実は理想のリーダーになれる人なのです。

この項目の冒頭で登場した、集客に失敗した企画会社の社員（Nさん）も、早い段階で「集客がなかなかうまくいきません。周りの先輩たちに協力してもらってもいいでしょうか？」と社長に相談できていれば、状況は大きく変わっていたはずです。

社長も当初からそのつもりで、「何か問題が出てきたらいつでも相談に乗るから」と助け船のヒントは出していました。しかしNさんは、この社長の声を的確に理解できなかったと言えます。

ちなみにですが、著者の私にも苦手なことがあります。

それは「スケジュール管理」です。

「プロのコーチとして、それってどうなの？」というご指摘はごもっともなのですが、私はスタッフやお客様にこう伝えるよう心がけています。

「すみません、私コーチングはできるんですけど、スケジュール管理は無茶苦茶に苦手なので、絶対、私に任せないでください」

自分の弱みをさらけ出すには勇気がとても必要で、最初はドキドキしながら伝えていました。しかし今ではこうした努力が実り、周りのスタッフやお客様からは「林さん、大丈夫です。スケジュールの件はこっちでやっておきますから」と本当にありがたいお申し出をいただけるようになりました。

これも私にとっての「リーダーとしての振る舞い方」の学びです。

協力者を増やすには、「こうしたやり方も身につけておくといい」という私の実体験、参考にしていただけるとうれしいです。

皆さんは、ご自身の苦手なことを一緒に働くメンバーに伝えていますか？

そんな**オープンな姿勢を身につけることで、メンバーを味方につけることができる**ということを、ぜひ皆さんも体験を通じて学んでみてください。

リーダーには、ひとりではさばけない仕事量が待っている

私の知人で、某商社で社長秘書を経験した人の話です。

その人は、もともと総務部で自分の仕事を持っていましたが、あるときから社長秘書を兼任することになりました。そうなった途端に、「体が2つないと無理」というくらい、猛烈に忙しくなったそうです。

社長あてにかかってきた電話はすべて取り、社長のアポイントの時間調整やスケジュール管理、全社イベントの手配などもしなくてはなりません。ただでさえやることが多いのに、引き継いだばかりなので不慣れのため、余計に時間がかかってしまいます。早出、残業は当たり前、昼食時間も朝買っておいたおにぎりを食べながら仕事をするという状態が続いたといいます。

それだけがんばっていても、時間に追われながら緊急処理をしているときに、社長を訪問されたお客様にお茶を出すことすらできないような毎日が続きました。

いよいよ追い詰められて「これはもう、周りを巻き込むしかない！」と発想を切り替えます。

そこで実行したのが「周りにモノを頼みやすい雰囲気を作ること」だったそうです。

具体的には「いつも秘書業務を手伝ってくれているから、そのお礼」として、総務のスタッフたちにケーキを買ってきてご馳走したり、自分が全額を支払う飲み会を開いたりしたのです。

そんなことをしていると、仕事が重なってどうしようもなくなっているようなときに、周りの方から、「何か手伝えることありますか?」と声をかけてもらえるようになったのだそうです。

プレゼントや金銭的負担など、バブル時代の古い風習で、今の時代では通用しないやり方ではありますが、相手がよろこぶことを進んで実践することがこの事例のポイントです。

相手がよろこぶことを実践することで、この知人は自分の周りに、自分のフォロワーを作ることに成功したというわけです。

職位が高くなると、それに伴ってより大きな組織を任されるでしょうし、より大きなプロジェクトを担当する機会も増えていきます。

物理的な仕事量も当然増え続けますので、それまでは自分の仕事を自分でこなせていた人も、自分だけではこなしきれなくなるティッピングポイント（分岐点）がいずれやってきます。

そのときに重要な考え方が、**「いかに周りを巻き込みやすくしておくか？」「いかに自分のフォロワーを作るか」**ということなのです。

リーダーになる前から、周りを巻き込む練習、あるいは種をまいておきましょう。

とはいえ、私がリーダー候補の方々にこの話をしても、なかなか響かないことがあります。そして、こういった方々は基本的に「仕事ができる人」で、「周りなんて巻き込まなくても、自分ひとりで大丈夫」と思う傾向があるのです。

そこで、**「突然、大きなプロジェクトを任されて、150人のチームを統括するとしても、ひとりで大丈夫ですか？」**と問うと、ようやく「それは無理ですね」と気づきが起きたりします。

「自分だけではできない仕事」をこなすための知恵

仕事の枠が広がると、自分の手が回らなくなるだけでなく、もともと、「自分にはできない仕事」を任されることもあります。そんなときは、それをできる人たちの協力をあおがなくてはなりません。

私が大好きなレーシングドライバーの佐藤琢磨さんは、普段から車のエンジニアとの人間関係を重視しているそうです。

花形の職業であるレーサーは、自分の腕だけで勝負していると思われがちです。

しかし、近年のレーシングチームでは大勢のエンジニアやメカニックが協力し合い、「レースに勝てる車」をいかに用意できるかが、勝敗を分ける大きな要因になってきました。

佐藤選手の仕事は運転することにあります。そして、車のメンテナンスやセッティングは当然エンジニアやメカニックに任せることになります。ここでもし佐藤選手が部分最適な考え方しかできないとしたら「オレは速く走らせるから、それができる車を用意してほしい」という要求をエンジニアやメカニックにすることでしょう。

しかし、こんな発言をしていてはエンジニアやメカニックのモチベーションが上がらないのは明らかです。「よし、こいつを勝たせるための車を作ろう！」という気持ちにはなりませんし、「ずいぶん偉そうだな」と反感を買いかねません。

それでは佐藤選手は何をしたのでしょうか？

自分からエンジニアのところに出向き「自分が次に乗るマシンの掃除とか、メンテナンスを少し手伝ってもいいですか？」と声をかけたそうです。

自分の専門性が低い分野でも、協力関係を作らなくてはいけない人の心をそうやって摑んでいったのです。

「そこまでやるなら、協力してもいいよ！」と相手に言わせてしまう。

仮に車の性能にさほど違いがない環境なら、エンジニアが「コイツを勝たせたい」と思って応援してくれる方のドライバーが最終的に勝利を摑むそうです。

佐藤選手は、自分のマシンがレースに勝てるように速く走るためには、エンジニアの協力がなければ不可能だということを理解しているのですね。

あなたの周りに**「あなたのことを応援したい！」と思う人**がいますか？

将来、より大きな仕事を任されるときに備えて、そんなチームづくりに今からぜひ着手しておいてくださいね。

習慣21 仕事の「背景にあるストーリー」を掴む

仕事に取り組むとき

リーダーになれる人は、

「ここに至る背景や経緯、関係している人たち」などのストーリーを考えて、仕事をしている。

リーダーになれない人は、

目の前の仕事を「場当たり的」にこなしている。

仕事の前後には
ストーリーがあり、関係者がいる

一つひとつの仕事にはストーリーがあります。

例えば、ある商品ひとつとっても……。

①誰かが商品のアイデアを思いつく。
②開発部門の協力を得て企画書を作成する。
③商品開発会議で役員の承認を得る。
④技術部門が開発する。
⑤マーケティングチームが広告戦略を練る。
⑥完成した商品を宣伝する。
⑦営業が販売する。

大まかに考えるだけでも、いろいろな部署・立場のたくさんの人たちが、それぞれ必要なタイミングで関わっていることがわかります。

仕事で周りの人たちを巻き込むためには、このように、**仕事を俯瞰的に見て、ストーリーとして捉え、その仕事が「完成に至るまでの背景」や「経緯」、そしてその仕事に関わる人たちのことまで考えて臨むことが大切**です。

そうやって、仕事の全体像を見るようにしていると、「誰に・どんなことを頼めるか？」「ここは誰を頼ればいいか？」などがわかるようになります。

その仕事の背景にある情報、プロセス、どんな関係者がいるかなど、仕事の全体像を想像するクセをつけてください。これがないと、「私が学生時代に、ある食品工場でアルバイトをしたとき」（73ページ参照）のように、前後の工程をまったく知らずに働くという「場当たり的」な取り組みで終わってしまいます。

場当たり的な仕事ぶりに慣れているようだと、いざリーダーになったときに、後悔と苦労をするのは間違いありません。

演習5 「ペルソナシート」を作ってみよう

演習1と2で自分を取り巻く人との関係を可視化する「ステークホルダーマップ」を作成してもらいました。

この演習では、自分の仕事のストーリーや関係している人たちの理解を深めるために、それにもう一歩手を加えてみます。

マップに書かれた人たちのライフスタイルを想像する

あなたが作った「ステークホルダーマップ」の中には、何人の人が書き込まれていますか？

その中で、あなたの仕事に大きな影響を与えるステークホルダーは誰ですか？

ここでは、2～3人を特定してみてください。

そして、その人それぞれのことをより深く分析していくための**「ペルソナシート」**を作ってみましょう。

その人の特徴を、これから紹介する項目に切り出して考えてみてください。

【特徴】
・その人はどんな仕事をしているのか
・どんな専門性を持っているのか
・どんな経歴を持つ人なのか
・どんな資格を持っているのか
・周りからどんな評価を受けているのか
・プライベートではどんな趣味を持っているのか
・どんなライフスタイルを好むのか

【行動・態度】
・その人はどんな行動を好むのか

・どんな行動は好まないのか
・どんな優先順位をつけて仕事をする傾向があるのか
・どんな態度で人と接する傾向があるのか
・どんな表情をすることが多いのか

【考え方】
・その人はどんなことを大切だと考える傾向があるのか
・どんな価値観を持っているのか
・生産性を重視する人なのか、周りとの関係を大切にしたい人なのか
・その人に「仕事とは？」と聞いたらどんな答えが返ってくるか
・人生をどんなふうに捉えているか

【目的】
・その人は何を目的に生きているのか
・仕事をするうえで、どんなキャリアを作っていきたいと考えているか

・チームで働く目的やよろこびをどんなところに感じているか

【格言・心情】

・その人にはどんな口グセがあるか
・モットーとしていることは何か
・後輩によく伝えていることはどんなことか
・座右の銘や、好きな言葉はどんなものか
・ロールモデルとしている人は誰か

【似顔絵】

このシートに似顔絵を描くことをお勧めしています。

その人のことをより身近に感じながら、シートの作成を進められます。完成したシートを眺めるときに、本人のイメージが湧きやすくなるのでお勧めです。

さて、ここまで完成したら、そのシートをざっと眺めてみてください。

あなたは、その人のことをどのくらい知っているでしょうか？

「特徴」の欄はしっかり書けたとしても、それ以外の項目はもしかしたら「意外と知らない！」ことに気づき、驚いたのではないでしょうか。

私たちはその人の「全部」を知っているつもりになりがちですが、知っているのは仕事をしているときの断片的な情報や特徴だったりします。たとえるなら、氷山の一角しか見ていない。海面から下の氷山に、もしかしたら**貴重な資源（才能）**が眠っているかもしれません。

このペルソナシート作りをとおして、「その人について、何を知らないか」が明確になるはずです。次のステップはご本人にヒアリングをするなど、具体的な行動をとおして、一緒に働くメンバーのことをより深く理解するツールとして役立ててみてください。

先ほどの佐藤琢磨さんのお話ではないですが、あなたが誰と仕事をしているのか、**その相手はどんなことを好み、何をあなたに求めているのかをより具体的に知る**ことができれば、より積極的に協力してくれる関係作りの役に立つのです。

ペルソナカード

似顔絵

特 徴

行動・態度

考え方

目 的

格言・心情

習慣22

自分の「古い考え」を押しつけない

自分のフォロワーや右腕を育てるとき

リーダーになれる人は、

自分の過去の経験にこだわらずに、新しい発想を認める視点を持っている。

リーダーになれない人は、

自分の過去の経験を伝えたがる。

「自分の経験を伝えたい」にひそむ落とし穴

私は、企業で働くリーダーの皆さまにリーダーシップを教える仕事以外に、プロのコーチを育てる仕事もやっています。

プロのコーチになりたいという人の中には、これまで企業で働いてきたが、これ以上のキャリアアップは望めないから、という方もいます。そうした方に「プロのコーチを目指す動機」を聞くと、こんな回答が多かったりします。

「自分は管理職になろうと努力してきたけど、結局そこにたどり着くことができませんでした。ただ私自身の経験で得られた知恵もある。だからそんな私の経験を、今同じ境遇で苦労している人たちに伝えて、助けになりたい」

そういう人に、私はこんな問いかけをします。

「自分の経験を伝えたいのは理解できますし、大切なことですね。ただ、それって、

本当にこれからあなたのお客様になる人に必要とされていますか?」

少し意地悪な見方をすれば、この方は企業に勤めていた時代に「リーダーになれなかった人」です。

だとすると、「こうすれば失敗する」は語れても、「こうすればうまくいく」は語れない。

果たして、これからリーダーを目指すビジネスパーソンが、そんな人の話をお金を出してまで聞きたいと思うでしょうか。

「自分の経験を後進に伝え、参考にしてもらいたい」と考える方は、プロのコーチに限らず、意外と数多くいると思います。ちょっと古い表現をすれば「老婆心《ろうばしん》ながら……」という言葉が当てはまりますが、これこそ「余計なお世話」ではないか?と考えたりします。

デザインシンキングでは、**「古い選択肢を取れば、今までと同じ結果が生まれる」**と考えます。そして、それはイノベーションを阻《はば》む原因になります。

さらに言えば、新たに芽ばえるであろう革新的なアイデアをつぶしかねません。

ここで例に挙げたのは、プロのコーチになりたいという人たちの話ですが、リーダーになろうと志す人が、自分のフォロワーや右腕を育てたいと思うときも同じです。

「自分はこういう苦労をした。だから、こうだ」と決めつけるのではなく、「もっと新しいやり方があるのかもしれないし、他の人の選択肢は違うかもしれない」という多様性に富んだ考え方を持てるかどうかが大切なのです。

「自分が苦労したところと、他の人が苦労していることのポイントは違うかもしれない」あるいは、「私の経験は過去のもので、今のビジネス環境では異なる解決策があるかもしれない」という、至極当たり前のことがわかっているかどうか。

これがわかっていないと、自分の考えを相手に押しつけるという落とし穴に落ちてしまいます。

私が学んだ、インドに古くから伝わるヴィパッサナー瞑想法では、**「物事は常に変化している」**と教わります。

例えば、川の流れ。「いつ見ても同じ清らかな川の流れだな」と思って眺めているたった数秒の時間でも、その川の水自体は変化しています。水は粒子であり、その粒子が止まることなく、次から次へと川上から川下に流れ去っていく。そういう意味では、川の水の流れは同じではないのです（ちょっと哲学的すぎるでしょうか）。

つまり、一見「同じに見える」ものでも、常にその内容は変化していると捉えることが大事なのだと説いています。

もうひとつ、川の流れのたとえです。川の中に身を置き、同じ場所に留まっていようと思えば、その人は必死で水の流れに逆らって手足を動かし、その場に留まれるように努力しなくては、川下に流されてしまいますよね。

ビジネス環境でも考え方は同じです。今までと同じやり方を継続しているだけでは、川下に流されてしまう。つまり、現状維持すらままならなくなる。仕事のしかたも、マーケットのトレンドも常に変化し続けています。**今までのやり方がずっと通用するわけではない**、ということを時折思い出してみてください。**常に新しいアイデアと共に動き続けること**が求められているのです。

「異なる意見を主張する相手」を巻き込む方法

これまで、自分の考えを押しつけず、周りの意見も聞くことが大切と、何度かお伝えしてきました。

とはいえ、すべての意見に耳を傾け、すべてを採用していては仕事がとても回りませんよね。もし、あなたが進めようとしているプロジェクトに猛反対する人がいた場合、どんなふうに協力関係を構築できるでしょうか。

これは私が最近あるテレビ番組で見た、当時JR九州の社長だった唐池恒二《からいけこうじ》さんのお話です。唐池さんがJR九州の社長に就任して1週間ほど経ったころ、幹部を集めてこれまで心に秘めていた構想を伝えたそうです。

「皆さん、九州に世界一立派な豪華寝台列車を走らせませんか」と。

「皆に夢を持たせるのが私の経営哲学」と豪語する唐池さんは、社外取締役にも「必ず成功させる」と言い切ってそのプロジェクトをスタートさせたそうです。

ところが、そのプロジェクトに猛反発したのが、当時運輸部長だった古宮洋二《ふるみやようじ》さんでした。古宮さんは、日本の鉄道会社でもトップクラスの知識と経験を持つ鉄道のプロで、彼が首を縦にふらなければ、このプロジェクトは頓挫《とんざ》してしまう、そんな力を持つ人物だったそうです。

そのとき、唐池さんはどんな行動を取ったのでしょうか？

社長としての強い人事権を行使し、何と反対していた**古宮さんをプロジェクトの責任者に任命した**のです。


その結果、どうなったか？

古宮さんは自分が難色を示した理由、つまり「実現できないと考えた理由」をひとつずつ検討し、「できる方向」で次々と課題を克服して、世界一の豪華列車「ななつ星」の運行を実現させてしまったのです。

これこそ、「巻き込み力」をうまく使った例だと思います。

これは社長という立場を使った、やや特殊な事例かもしれません。

しかし、ここで伝えたかったのは**どうすれば、反対意見を唱える人を味方につけることができるのか**ということ。

疎ましい存在として反対意見を唱える人から距離を置いたり、その人の文句を陰で言ったりするのは簡単です。

しかし、それではあなたが目指す目標を達成できない可能性があります。あなたの今いる環境で、反対意見を唱える人とどんな関係を作り、どんな方法で味方につけることができるでしょうか？

「唐池さんは、社長だからできたんだ」と成功者の事例として一蹴《いっしゅう》するのではなく、自分の環境に当てはめて、あなたなりの独創的なやり方を考えてみてください。

習慣23

いつも明るい笑顔でいる

周りの人たちと接するとき

リーダーになれる人は、

相手にしっかり伝わる、笑顔ができる。

リーダーになれない人は、

本人は笑顔のつもりでも、ほぼ無表情。

笑顔こそ
フォロワー作りの秘訣

フォロワー作りについてお話をしてきた最後のまとめとして、普段は見落としがちですが、とても大切なことについて触れておきます。

自分を助けてくれるフォロワーを作るには、当然ながら**「相手に好かれる」**ことが最低条件になります。

先日お会いしたある経営者の方は、「社員から嫌われるのが社長の役目」と豪語されていました。しかしチームビルディングやエンゲージメント（会社への愛着心）向上の観点からすると、完全に時代遅れな考え方だなと感じました。

一緒に働くメンバーから嫌われてしまえば、ほしい協力は得られません。**メンバーから「嫌われる」のは、絶対に避けるべきリスク**と心得ましょう。

そして、メンバーから「好意を持ってもらう」ためには、本当にシンプルなことですが**見た目や表情**など、いわゆる「非言語」での表現の影響力が極めて大きいことを忘れないでください。

中でも、特に重要なのは**「笑顔」**です。

マネジャー研修で私がこのことを伝えると、多くの皆さんが「部下とは、いつも笑顔で接しています」とおっしゃいます。

ただ、ペアを組んで実際に対話してもらう演習をすると、皆さん笑顔が圧倒的に足りていない。そして、「これが精一杯の笑顔です」と主張されたりします。

私のお客様のある男性の課長は、メンバーが全員女性というチームを任されていました。

そして、その方の悩みは「どうも、メンバーのモチベーションが上がらない……」というものでした。

私がその方にお伝えしたのは、たったひと言、

「まず、笑顔の練習をしましょうか！」

でした。

その方、失礼ながらはっきり言って強面《こわもて》。ご本人にその気がなくても、無表情でいるだけでちょっと怖い。もしかしたら、周りから怖がられているのではないかと、私は推測したわけです。

私の言葉を受けて、その方は業務中、特にオフィスにいる間は意識して笑顔で過ごすようにしたそうです。その結果、「自分に対するメンバーの態度が、だんだんやわらかくなってきた」とおっしゃっていました。

本書では、特定の容姿や外見について、ある判断のもとに良い・悪いをお伝えすることを主旨とはしていません。

しかし、リーダーという仕事においては、**「どう見えているか」が周りの人に与える影響は大きい**のも事実です。

「とはいえ、怖い顔は変えようがないよ」なんて思った方は、顔の作りではなく、表情の作り方の話をしていますので、そこはご安心ください。

お勧めのイメージは『ドクターX　～外科医・大門未知子』などに出演している俳

優の遠藤憲一さんです。

遠藤さんって、黙っていたら結構怖い顔ですよね。でも、歯を見せてニッコリすると、すごく愛嬌《あいきょう》のある表情になりますね。あの表情が目指してほしいイメージです。

私が男性なので、遠藤憲一さんという男性をロールモデルとしてご紹介していますが、こと「笑顔」に関して言えば、男性・女性・ＬＧＢＴＱＩＡなどは関係ないと思っています。あなたがモデルにしやすい人を選んで、マネをしてみるとよいと思います。

「フォロワーを作りたければ笑顔で」

これ鉄則です！

このようにお伝えしている私が今、満面の笑みだということ、残念ながら文字だけでは伝わらないと思いますので、補足しておきますね。

「人たらし」という言葉をご存知でしょうか？

「たらし」とつく言葉には若干ネガティブなイメージもあるのですが、リーダーになろうとする人に目指してほしいのは「人たらし」。

戦国三英傑のひとり、豊臣秀吉は目上の武将からも部下からも信頼されて、多くの人に愛されていたと伝わっています。作家の司馬遼太郎さんは彼のことを「人たらしの天才」と表現しています。

リーダーになろうとする人は、ぜひ「人たらしの天才」を目指してください。

共に働くチームメンバーの心を摑み、なぜか一緒に働きたくなってしまう振る舞いができれば、あなたのチームはイキイキとしたモチベーションにあふれたチームに変わります。

そんなチームを率いるよろこびを感じるために、ぜひ今から笑顔の練習を重ねてください。

WH?CH?

エピローグ

リーダーになってから後悔しないために

「リーダーになってから
後悔しないための準備を、ひと言で言うと?」

――ここまで読んできたあなた。即答できますか?

「今日から営業だから、注文取ってきて」

私がまだ社会人としての駆け出し時代。ある印刷会社に営業職として入社したときのことです。

入社したその日、私が朝出社すると、机に私の名前が印刷された名刺と、その印刷会社のチラシの束、そしてホチキスと紙袋、さらには車の鍵が置いてありました。

そして、上司からこう言われたのです。

「おはよう。君は今日から営業マンだね。さぁ行ってこい！」
「えっ？　今から？　どこへ？　何を⁇　すみません、何もわからないんですけど」
「なんでもいいからさ、まず、チラシと名刺を、そうだな……500部くらいホチキス止めして、適当に好きなとこまで運転してポストに入れてくればいいんだよ」
なるほど……。かなり乱暴な指示ですね……。

営業という仕事が初めてだった私は、本当に何も知りませんでした。他の選択肢も思い当たらず、言われたとおりにチラシのポスティングに出かけることになりました。

そして、チラシをやっとのことで撒き終わって会社に戻ると、信じられないことに、もう2～3件、電話での問い合わせが入っていました。

当時はまだバブル景気の名残りで、チラシを撒けば売れるという時代でした。


すると、またもや上司から信じられない言葉が。

「問い合わせをくれたお客様に電話をかけて、注文を取ってきて」

「あの……私何もわからないので、行っても何もできませんけど……」

「いいから、行けって！」

そう押し切られて、仕方なくお客様のところへ出向く私。


「チラシ刷ってほしいんだけど、こういうのできるかな？」

お客様からそう言われても、うちの会社でそのチラシが印刷できるのかどうかすらまったくわかりません。そんな状況ですので、開き直って正直に言いました。

「わかりません……」

「えっ？　わからない？」

「はい。今日、入社したばかりなんで」

「なんだよ、しょうがねぇな。帰ったら会社の人に『これできるか？』って聞いてみてよ。もしできるんならお願いするから」

「はい」


営業マンとしての会話……として考えると、もう無茶苦茶ですね。

バブルの時代は「商売をする」点においても、社会環境的にこうした余裕や余白があって、お客様も「新人を育ててあげる」ことによろこびを感じてくださっていたように思います。新人でも**「働きながら、失敗して仕事を覚えていく」**ことができた、古き良き時代でした。


しかし、現代のビジネス環境はすっかりさま変わりして、働き手が「トライ&エラー」を繰り返すのが難しくなってしまいました。

私が好きな自動車レースの世界でも、昔はお金をかけて納得のいくまでタイヤを消費して練習走行ができました。

しかし、今は予算の上限が設けられ、環境問題への対応などもあってテストの機会や時間数にも制限がかけられています。サーキットという現場での「トライ&エラー」が許されない時代になったのです。その代わりに、ドライビングシミュレーターを使った疑似体験により、練習を積むようになっています。

自動車レースもビジネスの環境も、時代と共に変化していくものですね。

私の営業マンデビューのように、リーダーになってから、現場で失敗しつつ正しいやり方を覚えていくといった粗っぽい方法は、今ではなかなか採用しづらいものです。

プロローグでも触れましたが、**現代の企業は、新任リーダーにトライ&エラーを許す余裕がない**のが現状です。つまり、昇進したらすぐに結果が求められるのです。

9割の新任リーダーが感じる不満とは?

そんな厳しいビジネス環境の中でも、さまざまな工夫をこらし、リーダーを育てていこうと努力する企業や組織も少なからず存在する。

この事実も、これまでの私の経験からわかっていることだったりします。

例えば私が所属している、あるビジネス交流会の事例をお話ししましょう。

そこには、わかりやすい仕組みを用いたリーダーの育成法があります。

この交流会の在籍者は、約50名という比較的大所帯のチームです。その中で、**代表と副代表が半年間の任期で選出される仕組み**があります。

代表に選出された人は毎週の定例会の司会進行など、その50人の「顔」としての役割を果たすことが求められます。副代表に選出された人は、その代表の活動を実務的に下支えする役割を担います。

この組織運営で重要なポイントは、代表を選出するだけではなく、代表の活動を支える副代表も選ぶ点にあります。

副代表はまさに「代表の右腕」。つまり**「フォロワー」**です。

代表という仕事は、いわゆる**「リーダー」**です。本書の主旨から言えば「課長」のような存在と考えてもよいと思います。代表のポジションに選出された人は、いきなり50人のチームを率いることになり、待ったなしで実務にあたる必要があります。

つまり、先ほどの「トライ&エラー」ができないまま、成果を求められる場所に立つということですね。

そんな代表を孤立させない仕組みが、副代表を配置することです。いきなり現場に出る「代表」を、ひとりでがんばらせないという**仕組み**ができているのです。


私がかつて日本支部の代表を務めた「国際コーチング連盟」のアメリカ本部にも、後任を育てる面白い仕組みがありました。

その仕組みとは、**代表の「前任者」「現任者」「後任者」が協力し合って、３人体制で団体の運営を進める**というものです。なかなか珍しい仕組みですね。

この組織の代表者は、全世界にいる登録コーチの中からの立候補制で、代表選出選挙の投票によって選任されます。代表としての任期は1年です。

次年度の代表に選出された「次の代表」(後任者)は、1年間かけて「現任者」の代表としての仕事を見て、どんな仕事をしているのか、どんな振る舞いをしているのか、何が大切なのかを学ぶことができます。必要に応じて、現任者に質問をしたり、指導を受けたりすることもできます。

こうして1年の準備期間を経て、ある程度何をすべきかがわかった状態で代表の座に就きます。そして、1年先輩である「前任者」は、ここでメンターの役割を担って、コーチングを提供しながら「現任者」の仕事をサポートします。

そして、1年の任期を終えた代表は、次の1年間を「前任者」として「現任者」を育てる役割を担います。

要するに、「前任者」「現任者」「後任者」の3名の関わりによって支え合い、組織を運営するサポートシステムがあるということです。

これにより、新しい代表が仕事を始めるにあたっての不安を解消し、成果を出しやすい状態でスタートを切れるという、好サイクルが完成しているのです。

とはいえ、このような制度が整備された組織はまだまだ数少ないのも現状です。

多くの一般企業では、「リーダーの入口にいる人」「リーダーのたまご」をしっかりと育てる土壌がありません。

育ててはいないけれど、結果は求める……。

私がコーチングを通じて知り合うリーダーの皆さんは、100人中99人くらいの割合でこう言います。

「リーダーになる前に、チームマネジメントについて何ひとつ教えてもらわなかった」

私が、「リーダーになる前に、何か準備はしなかったのですか？」と聞くと、こんな回答が。

「リーダーの仕事は部下の時代からずっと見てきているし、把握できているので、できると思っていました」

何も教わらず、何も準備せずにリーダーになるという人、意外に多いのかもしれません。

ここで、エピローグの冒頭で投げかけた質問です。

「リーダーになってから後悔しないための準備を、ひと言で言うと？」

ここまで本書を読んでくださったあなたなら、きっと答えられることと思います。

その答えは……。

「自分を応援してくれるフォロワーを作りつつ、自分は現リーダーの良きフォロワー

になる

「リーダーになれる人」になるための近道は、リーダーのフォロワーになること。

ただ目の前のタスクをこなす仕事の仕方ではなく、**リーダーがどんなことを期待しているのか、リーダーを助ける仕事を心がけて、リーダーのフォロワーという場所にいることが、自動的に「リーダーになるための準備」になる**のです。

リーダーのフォロワーになるには、リーダーの仕事をさまざまな視点から観察すること、そしてそれに好奇心を持つことが大切です。

もし、チームメンバーの目線で見て腑に落ちない事柄があったとしても、それを**「リーダーはどうして、あんな判断をしたのか？」**という視点や問いを立てて考えてみるのです。考えているだけでわからなければ、**リーダーに「直接聞きにいく」**という行動が取れると、大きな差が出ます。

今のリーダーが嫌いだという方も、ここは自分が良いリーダーになるための試金石だと捉えて、今のリーダーを、好奇心を向ける練習の対象にしましょう。

そんなアプローチで「どうして、ああいう判断をされたのですか？」「私はこう思うのですが」など、疑問や意見をぶつけてみれば、「私も君と同じ考えだけど、実は……」

と、リーダーの振る舞いの裏側にある真意を教えてくれるかもしれません。こうした発見を積み重ねていくことで、自然と「リーダー」という役割自体への興味が深まると思いますので、トライしてみてください。

リーダーになる前に、リーダーの良きフォロワーになる。

これを意識しながら、日々の仕事にあたりましょう。

先の、「リーダーになる前に、チームマネジメントについて何ひとつ教えてもらわなかった」と言う人にあえて苦言を呈すなら……。

自分で学びにいかないから、突然、本番がやってきてしまったのです。

リーダーになる段階を、ホップ・ステップ・ジャンプにたとえれば、現状では多くの人が、ホップ・ジャンプという無理なことを強要されています。ですから、真ん中の「ステップ」は、自分から入れていかなければジャンプできないのです。

もしリーダーになる前から、現任のリーダーを見て少しでも学んでいたら。
もしリーダーになる前から、自分の仕事の全体像にまで目を向けていたら。
もしリーダーになる前から、周りの人たちの仕事や人柄に興味を持っていたら。

もしリーダーになる前から、「人に任せること」を意識していたら。
もしリーダーになる前から、周りの人たちを「巻き込む」ことを意識していたら。
もしリーダーになる前から、自分のフォロワーを作っていたら。

リーダーになってから、苦労しなくても済んだかもしれません。

私は、リーダーを育てる土壌がない状態が続くと、そのうち日本の企業で「リーダーになりたい」という社員がいなくなってしまうと、本気で心配しています。

あなたにはぜひ、**部下の人たちが、「あんなリーダーになりたい」と思う存在**になってもらいたいのです。

そして、**あなたのフォロワーを次のリーダーに育ててほしい。**

「現場と経営者の中間点」「人に動いてもらう仕事」であるリーダーという仕事は、実は、**本来はとても面白くてやりがいのある仕事**です。

本書が、そのよろこびを体感していただくお手伝いになることを、心から願っています。

おわりに　――チームで分かち合うよろこび

リーダーになるよろこびを感じてほしい！

私がコーチングを提供する際に活用する質問のひとつに、**「そこにある願いは？」**というものがあります。

本書では、リーダーになるための準備の方法論や、フォロワーシップという考え方について述べてきました。これを「1冊の本としてまとめたい」という私の「そこにある願い」は何なのか、ということを最後にお話ししようと思います。

私自身も会社の経営者であり、コーチングスクールの主宰者として、日々「できるリーダー」になれるように研鑽《けんさん》を続けています。そうした毎日、あるいは一つひとつの業務が「楽しい」か「よろこびに満ちている」か、と問われたとすれば、その答えは「Ｎｏ」だと思います。

日々の業務に追われて、やれどもやれども終わらない大量の仕事やメールに思い悩みながらも、その手を止めてメンバーとの対話の時間を取る、あるいは誰もいなくなった静かな職場で残務をこなすといった状況を振り返れば、「リーダーの仕事は楽しくない」と一括することができます。

そう、リーダーの日常はもしかすると、楽しくないことの連続なのかもしれません。

ではなぜ私がこのリーダーという仕事を夢中でやり続けるのかというと、いわゆる「そこにある願い」を考えれば、それは**チームとして掲げた大きな目標を達成するような「特別な瞬間」**が時折、訪れるからです。

そんな瞬間に、共に力を出し合ったメンバーの方々と**「一緒によろこびを分かち合う」**体験は何物にも代えがたい、まるで**魂が歓喜に沸くような感覚**があります。

そんな瞬間を今のチームでも経験したい、という願いが私の日々を突き動かしているのだと思います。

残念ながら、私が接するリーダーの中には、そうしたよろこびを感じたことがないという方もいらっしゃいます。また、その志半ばでリーダーを降りていく人もいます。

そして、そういう方が論じるリーダーという役割は「辛い」「苦しい」「孤独」といった言葉で彩られていきます。

反面、一度でもチームで何かを成し遂げた経験のあるリーダーとお話ししていると、ほぼすべての方が「チームで一緒によろこびを分かち合う」瞬間のためにリーダーを続けている、と教えてくれます。

リーダーになるからには、そんなかけがえのないよろこびを一度でも経験してみてほしい！

これこそが、私の願いです。

そんなよろこびを感じられるリーダーが世の中に増えていけば、生産性もエンゲージメントも高いチームが世の中に増えていくのではないでしょうか。

そんなことを考えながら、本書を書かせていただきました。

最後までお読みいただき、本当にありがとうございました。

林　健太郎

できるリーダーになれる人《ひと》は、どっち？

著　者——林　健太郎（はやし・けんたろう）

発行者——押鐘太陽

発行所——株式会社三笠書房

〒102-0072 東京都千代田区飯田橋3-3-1
電話：(03)5226-5734（営業部）
　　：(03)5226-5731（編集部）
https://www.mikasashobo.co.jp

印　刷——誠宏印刷

製　本——若林製本工場

編集責任者　清水篤史
ISBN978-4-8379-2953-6 C0030